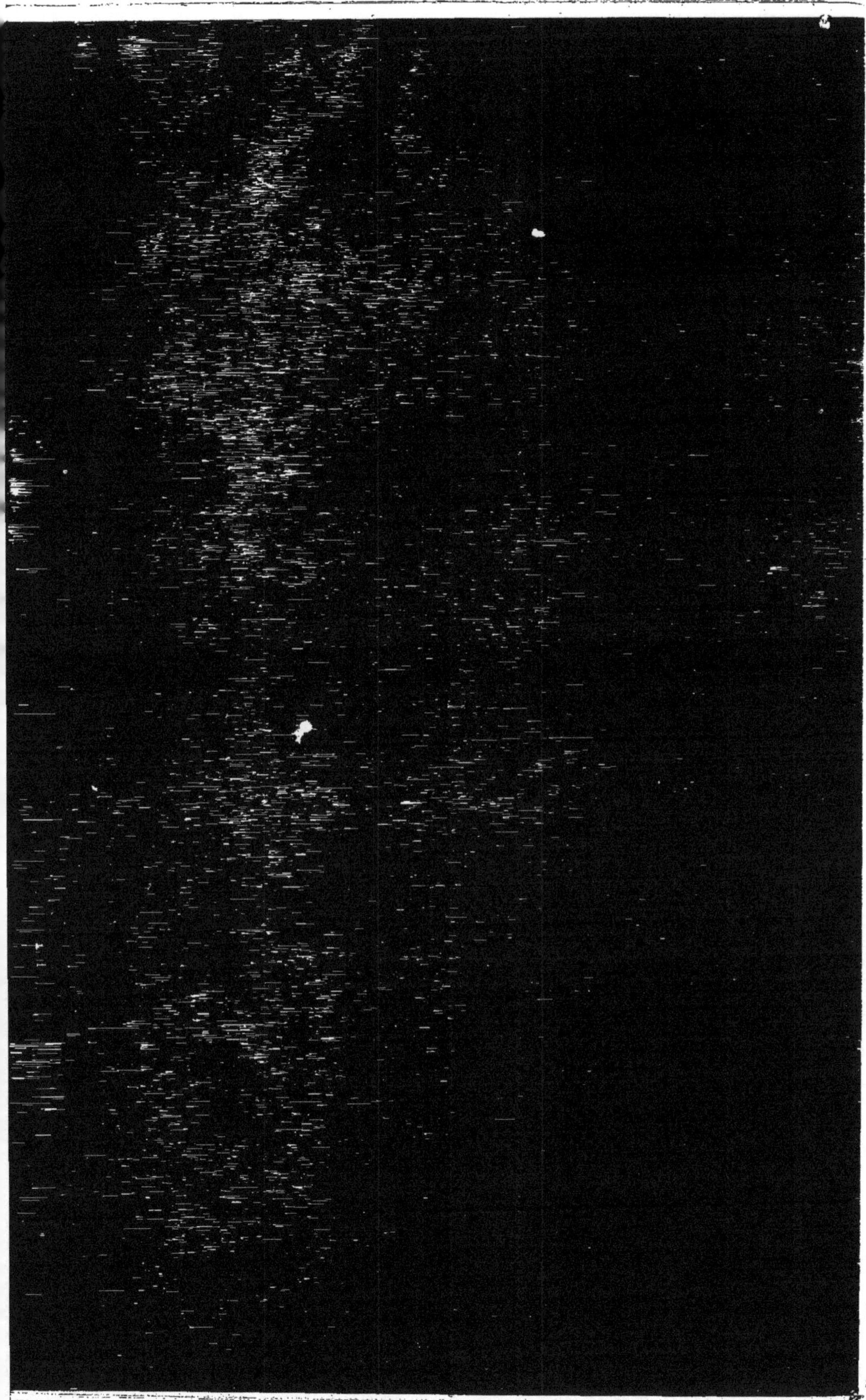

ENCYCLOPÉDIE
BIOGRAPHIQUE
DU XIXe SIÈCLE.

TROISIÈME CATÉGORIE :

Illustrations Nobiliaires.

PARIS,

ADMINISTRATION GÉNÉRALE,

RUE DE SÈVRES, 21.

1842.

MAISON D'ALIGRE.

MAISON DES HALIGRE OU D'ALIGRE.

La maison d'ALIGRE, l'une des plus anciennes du pays Chartrain, s'est illustrée par des hommes de mérite et par une suite non interrompue de services éminents rendus depuis plus de trois siècles, tant dans la magistrature que dans les armées. Elle compte parmi ses membres deux chanceliers et gardes-des-sceaux de France, un vice-roi de l'Accadie, des lieutenants-généraux des armées de terre et de mer, trois présidents à mortier au parlement de Paris et un premier président de ce même parlement, des commandeurs des ordres royaux de Saint-Louis et du Saint-Esprit, des chevaliers et commandeurs de Malte, etc., etc. Cette maison s'est divisée, au quinzième siècle, en trois branches principales et distinctes, qui sont :

1° La branche DE LA MOTTE-SAINT-LIÉ, dont nous parlerons ci-après, et qui s'est éteinte en 1776, en la personne de MICHEL-CÉSAR, marquis d'ALIGRE, chevalier de Saint-Louis, etc., dont il sera bientôt question.

. 2° La branche DU COUDRAY, qui s'est éteinte en 1747, en la personne de PIERRE D'ALIGRE, chevalier, seigneur DU COUDRAY et DES CHAISES, colonel de dragons, mort à Ypres en 1747.

3° La branche dite DE LA RIVIÈRE, la seule existante aujourd'hui, et représentée par ÉTIENNE-JEAN-FRANÇOIS-CHARLES, marquis D'ALIGRE, pair de France, commandeur de la Légion-d'Honneur, dont nous parlerons ci-après.

Avant de nous occuper de la branche de LA RIVIÈRE ou des CHANCELIERS, aujourd'hui existante, nous rappellerons les personnages les plus marquants qui ont illustré les deux branches éteintes : celle de LA MOTTE-SAINT-LIÉ et celle DU COUDRAY. Ces trois branches ont eu pour chef commun GUILLEMIN HALIGRE, seigneur de CHONVILLIERS, TÉNIÈRES, et CHARTINVILLIERS, qui avait épousé, en 1464, Marguerite Savart, d'une ancienne famille de Chartres. Après sa mort, arrivée en 1503, ses biens furent partagés entre ses huit enfants, au nombre desquels nous trouvons GUILLAUME, qui fut à la fois, par ses enfants, le chef de la branche DU COUDRAY et DE LA MOTTE-SAINT-LIÉ, et ÉTIENNE, chef de la branche actuelle de LA RIVIÈRE.

Dans la branche de LA MOTTE-SAINT-LIÉ, nous trouvons au nombre des hommes qui la distinguent :

1° GUILLAUME HALIGRE, seigneur DU COUDRAY et DES CHAISES, troisième fils de GUILLEMIN HALIGRE, qui prêta foi et hommage pour sa censive du Coudray ; il épousa, en 1495, Anne Bouffineau, fille de Pierre Bouffineau, receveur des tailles à Chartres ; il est enterré dans l'église Saint-André de cette ville. Il eut quatre enfants mâles, savoir : MILLES, mort sans postérité ; JEAN, qui épousa, en 1516, Jacquette Simon ; JACQUES, qui continua la branche de la Motte-Saint-Lié, et RENAULT, chef de la branche du Coudray ;

2° JEAN D'ALIGRE, fils de Jacques Haligre, seigneur de Thivars

et de Gondreville et de Marie-Michelle Sachet, qui, le premier
de cette branche, écrivit son nom sans H ; il fut d'abord attaché
à la reine de Navarre, et devint ensuite valet de chambre du
roi de France ;

3° MICHEL d'ALIGRE, fils du précédent, chevalier, baron de la
Motte-Saint-Lié, en Orléanais, qui fut successivement trésorier
des Menus-Plaisirs du Roi, intendant de justice, police et finances, en Catalogne et Roussillon, vers l'an 1651, puis en Alsace
en 1653 ; intendant des finances et général des vivres en Allemagne, et conseiller d'État ; il mourut en 1675 ; il avait épousé,
le 17 septembre 1639, Marie Peron, fille de Claude Peron, conseiller et quartenier de Paris, et de Claude Sauvet, sa femme ;

4° PHILIPPE-FRANÇOIS d'ALIGRE, fils du précédent, lieutenant-
général des armées navales du Roi, commandeur de l'ordre royal
et militaire de Saint-Louis. Il fit plusieurs campagnes avec le
célèbre Duquesne, et fut blessé dans deux combats que cet
amiral avait livrés à l'illustre Ruyter, l'un près de Melazzo, le 8
janvier 1676, l'autre le 22 avril de la même année. Pendant
la campagne de 1693, il commanda le vaisseau l'*Éclatant,* faisant partie de l'escadre de l'amiral de Tourville, qui incendia
celle de l'ennemi, réfugiée dans le port de Malaga. En 1701, il
coula à fond une des galiotes des corsaires de Salé, d'où il parvint néanmoins à sauver et à rendre à la liberté douze esclaves
chrétiens. Le Roi, voulant récompenser ses talents militaires, le
fit chef d'escadre en 1705. Le 18 février 1714, Philippe V, roi
d'Espagne, le nomma capitaine général de ses armées navales,
avec ordre à tous ses officiers de lui obéir en cas d'absence ou de
maladie du sieur du Casse, lieutenant-général de la mer.
Louis XIV l'appela, le 5 août 1715, à la lieutenance-générale de
ses armées navales. Il mourut à Toulon, sans avoir été marié ;

5° MICHEL-CÉSAR, marquis d'ALIGRE, neveu du précédent, né

le 7 août 1711, chevalier de l'ordre royal et militaire de Saint-Louis, nommé mestre de camp de cavalerie par brevet du 2 février 1757, exempt de la première compagnie (écossaise) des gardes-du-corps, et brigadier des armées du Roi, le 3 janvier 1770. Il mourut sans postérité, le 8 mars 1776 ; en lui s'éteignit la branche de la Motte-Saint-Lié. Son frère, René-Pierre, chevalier d'Aligre, s'était retiré en Poitou, où il a marié une fille qu'il avait eue de N. Thénard du Bordage, à M. Filleau, procureur du roi à Poitiers.

Nous eussions pu multiplier les citations, si, comme nous l'avons dit en commençant, nous n'avions eu l'intention que de rappeler ceux des membres de cette branche qui lui font le plus d'honneur ;

Ses armes étaient :

D'or au chevron de gueules, surmonté d'un croissant du même, et accompagné de trois perroquets de sinople, elles avaient pour supports deux aigles.

Dans la branche du Coudray, nous distinguerons :

1° Renault Haligre, écuyer seigneur du Coudray, quatrième fils de Guillaume haligre et petit fils de Guillemin Haligre, qui fut avocat au parlement, maire, juge et garde général de la juridiction temporelle de messieurs les vénérables doyens chanoines et chapitre de Notre-Dame de Chartres. Il eut de Marie Grenet, son épouse, quatre enfants, savoir : Claude, dont l'article suit ; Jean, avocat en parlement ; Michel, avocat en parlement et chanoine de la cathédrale de Chartres, et Anne ;

2° Claude Haligre, écuyer, seigneur du Coudray et des Chaises, avocat en parlement de Paris, qui a laissé la réputation d'un homme de talent et de probité ;

3° Claude Haligre, fils du précédent, écuyer seigneur de Chambon, du Coudray et des Chaises, secrétaire du roi, maison et couronne de Navarre, puis contrôleur ordinaire des guerres, qui fut le premier de la branche du Coudray qui écrivit son nom sans H. Il épousa Marguerite Guichard de Montemain, dont il eut quatre enfants, savoir : HUGUES D'ALIGRE, dont l'article suit ; CLAUDE D'ALIGRE, seigneur de Poissonville ; GIRARD D'ALIGRE, seigneur de Coupeille, et SUSANNE d'Aligre, non mariée ;

4° HUGUES D'ALIGRE, seigneur du Coudray et des Chaises, d'abord capitaine de vaisseau, puis vice-roi de l'Accadie, dans la nouvelle France, qui épousa Elisabeth du Claus, de laquelle il eut deux enfants, PIERRE D'ALIGRE, seigneur du Coudray et des Chaises, et HUGUES D'ALIGRE, capitaine au régiment de Normandie ;

5°. PIERRE D'ALIGRE, fils de Pierre d'Aligre qui précède, chevalier seigneur du Coudray et des Chaises, colonel de dragons, qui vendit ses terres et se retira à Ypres, où il est mort en 1717. Il fut le dernier de cette branche ;

Ses ARMES étaient :

D'or à la face de gueules, surmontée en chef d'un croissant de gueules et accompagnée en pointe d'un chevron de gueules accompagné de trois perroquets de sinople, elles avaient pour supports deux aigles.

Nous voici arrivé à la branche actuelle, dite de la RIVIÈRE ou des Chanceliers, à cause des deux chanceliers qu'elle a donnés à la France. C'est dans cette branche surtout que nous pourrons admirer les talents éminents unis aux vertus précieuses ; c'est dans cette branche que nous trouverons les fonctions élevées aussi noblement remplies qu'elles étaient dignement méritées ; c'est dans cette branche enfin que nous pourrons constater que la gloire des services ne le cédait point à l'illustration de la naissance.

Nous avons dit que les trois branches de la maison d'Aligre

avaient pour chef Guillemin Haligre, seigneur de Chonvilliers, Ténières et Chartinvilliers ; nous eussions pu remonter plus haut et établir, par une plus longue généalogie, l'ancienneté de cette Maison ; mais, comme nous pensons que l'illustration d'une famille ne consiste pas seulement dans l'ancienneté, nous avons mieux aimé, pour ne pas allonger cet article, ne remonter qu'à l'époque où ses services ont eu une plus grande importance.

De même que dans les deux branches éteintes, nous ne signalerons, dans celle qui existe aujourd'hui, que les personnages les plus marquants, savoir :

1° Étienne Haligre, cinquième fils de Guillemin Haligre, qualifié écuyer, seigneur de Chonvilliers et de la Motte, dans les preuves faites à Malte en 1631 et 1644, par ses arrières petits enfants, qui fut le chef de la branche dite de la Rivière. Il épousa Jeanne Édeline, issue d'une famille originaire de Nogent-le-Roy, dont il eut huit enfants ;

2° Claude Haligre, baron d'Arcueil et de la Brosse, seigneur de Bainville, de Ponthoux, de la Motte, de Ménil-Guérin et du Verger, qui fut d'abord trésorier de madame de France, fille du roi Louis XII, duchesse de Ferrare et de Chartres, puis trésorier des Menus-Plaisirs du Roi et l'un des cent gentilshommes de sa maison. Ayant accompagné le roi François Ier à la bataille de Pavie, il y fut fait prisonnier par Lonnoi, vice-roi de Naples. Il fut renvoyé en France pour négocier les affaires relatives à la rançon du roi, revint en Espagne pour le même objet, et rentra enfin dans sa patrie avec François Ier, qui conserva toujours une grande amitié pour lui ; il lui en donna une preuve flatteuse en assistant à son mariage avec Marie le Lieur, fille de Germain le Lieur, vicomte de Rouvray et d'Aulnay, seigneur du Chesnoy, dont il eut cinq enfants ;

3° Raoul Haligre, écuyer, seigneur de la Rivière, de Chonvilliers et des Haies, fils ainé d'Étienne Haligre qui précède ;
il commanda avec distinction au siége de Chartres en 1590, et
épousa Jeanne Lambert, fille de Pierre Lambert, seigneur des
Haies et de Marie de la Saussaye de Pontgouin, dont il eut trois
enfants, savoir : Raoul, mort sans postérité ; Étienne, dont l'article suit, et Marie, qui était veuve dès le 27 avril 1599, de
Louis de Mineray, seigneur de la Grange, président au siége présidial de Chartres, et qui épousa en secondes noces, en 1608,
Philippe de Béthune, comte de Selles, marquis de Chabris, chevalier des ordres du Roi ;

4° Étienne Haligre, chevalier, seigneur de la Rivière et de
Chonvilliers, le premier qui écrivit son nom d'Aligre, ayant été
autorisé par le roi à oter l'h. Il naquit en 1559. Nommé d'abord
président au siége présidial de Chartres, il prêta serment pour
cette charge au parlement de Paris, le 4 septembre 1587, puis il
fut conseiller au grand conseil, et nommé, en 1610, chef du conseil et intendant de la maison de Charles de Bourbon, comte de
Soissons, qui lui confia la tutelle honoraire de Louis de Bourbon, son fils. Henry IV, qui avait apprécié ses lumières et son
intégrité l'avait désigné pour présider le parlement de Bretagne ; mais une maladie grave ne lui permit pas de remplir cette
importante fonction. Louis XIII l'appela dans son conseil d'état,
et le 6 janvier 1624 il fut nommé garde des sceaux, puis chancelier de France par lettres du mois d'octobre de la même
année.

Voici un extrait des considérants énoncés dans les lettres de
Louis XIII, relativement à cette haute et importante nomina-
tion ; ils sont trop flatteurs pour celui qui en fut honoré et pour
sa famille, pour que nous ayons pu les passer sous silence :

« Louis, par la grâce de Dieu, roi de France et de Navarre,

» à tous présents et à venir, salut : Nostre très-cher et féal le
» sieur Sillery Chevalier, chancelier de France, ayant, pour la
» seconde fois, remis en nos mains les sceaux de France, que
» nous lui avons déposés, à cause de son grand âge, et indispo-
» sition, qui ne lui peuvent plus permettre de supporter le faix
» d'une si grande charge et fonction, il nous a été nécessaire de
» bien penser et meurement délibérer à qui nous les pourrions
» commettre, et en donner la charge, pour être l'une des plus
» grandes et importantes de nostre royaume, et considérant les
» suffisances, et intégrité, mérites, vertus, et louables qualités,
» qui sont en la personne de nostre âmé et féal le sieur Etienne
» Daligre, conseiller en nostre conseil d'Etat, ensemble les si-
» gnalez, fidèles et recommandables services qu'il nous a rendus,
» et à cet état et couronne, par les bons et prudents avis, et
» conseils, dont il nous a assistés aux plus grandes et impor-
» tantes affaires ; à ces causes savoir faisons , que de l'avis de la
» Reine, nostre très-honorée dame et mère, d'aucuns princes, offi-
» ciers de nostre couronne, et principaux de nostre conseil, et de
» nostre propre mouvement, pleine puissance et autorité royale ;
» nous avons créé et érigé, créons et érigeons par ces présentes
» signées de nostre propre main, l'état et office de garde de nos
» sceaux de France et iceluy, état et office, avons donné et oc-
» troyé, donnons et octroyons par ces dites présentes audit sieur
» Daligre, pour l'avoir tenir dorénavant exercer, en jouir et user
» aux honneurs, autorités , pouvoirs, facultés, prérogatives,
» prééminences, priviléges, franchises, libertés, gages, pensions
» et droits dont les gardes des sceaux de France ont ci-devant
» joui et usé, ou qui lui seront par nous ordonnés et attribués,
» et généralement faire toutes les fonctions qui dépendent dudit
» office, avec pareille autorité et pouvoir, que celui dont les
» chanceliers de France ont accoutumé d'user et jouir : même

» de présider en toutes nos cours de parlements , grand conseil,
» et autres cours souveraines pour sur icelles, et tous autres
» justiciers et juridictions de nostre royaume avoir l'œil et super-
» intendance, comme un chancelier peut, et doit faire, à cause
» de son office et dignité. Voulons et nous plaît, etc., etc. »

*(Extrait de l'histoire des chanceliers et gardes
des sceaux de France, par* François DUCHESNE.)

Claude Robert, en son catalogue des évêques de Chartres, inséré dans son *Gallia Christiana*, parle avantageusement de ce chancelier, et dit : « entre les louages qui sont dues à la dite » ville de Chartres, la plus grande et la plus considérable est » d'avoir donné au royaume le chancelier Etienne d'Aligre, » homme illustre de tous côtés, les purs délices de la France, la » plus solide base et le plus assuré fondement de la république » des lettres. »

Abel, de Sainte-Marthe, dédia aussi un poème à ce chancelier, et Gramoed a rendu les plus éclatants témoignages à ses vertus, à ses talents, etc., dans son recueil des chanceliers de France.

Néanmoins, des intrigues de cour firent retirer les sceaux à Etienne d'Aligre, et, comme si ce n'était pas assez de cette disgrâce, il reçut l'ordre de se retirer dans sa terre de la Rivière, où il mourut le 11 décembre 1635, avec la réputation *d'un des plus hommes de bien de la robe*. Il avait épousé Marie-Elisabeth Chapelier de Bucastel, fille de Jean-Jacques Chapelier, seigneur de Bucastel et de Saint-Cyr, conseiller d'état, et de Madeleine le Boulanger de Misery. Il en eut sept enfants : 1° ETIENNE, dont l'article suit ; 2° LOUIS, qui fut trésorier de France, mort célibataire ; 3° NICOLAS, d'abord abbé de Saint-Evroul, de Lisieux et de Saint-Jacques de Provins, puis mestre de camp d'un régiment de cavalerie, mort en Espagne, le 26 octobre 1638; 4° Marguerite ; 5° N...; 6° N...; 7° Elisabeth, les trois premières religieuses, et la dernière mariée à François de Courcelles, baron de Rouvray, et de Dampierre, chevalier des ordres du roi, lieutenant de la vénerie, et gentilhomme de la chambre de S. M.;

5° ETIENNE D'ALIGRE, fils du précédent, chevalier seigneur de la Rivière, de Chonvilliers, de la Forêt et de la Lande, né à Chartres le 13 juillet 1592, fut reçu conseiller au grand conseil après que son père eût été créé garde des sceaux. « Son édu-
» cation fut si belle et si éclatante, dit Duchesne, que dès le mo-
» ment qu'il fut sorty des estudes, il voulut donner des preuves
» de sa sagacité, avant que d'entrer dans les charges ; il s'exerça
» dans le barreau du grand conseil, dont monsieur son père
» était une des plus brillantes lumières, et y plaida avec répu-
» tation. » Peu d'années après, Louis XIII l'envoya à Venise comme ambassadeur, et à son retour le nomma conseiller d'état, en 1635, puis intendant de Caen, en 1638. Il tint les états de Languedoc en 1645, fut nommé conseiller d'honneur au parlement de Paris, le 20 février 1652, et exerça pendant six mois, en 1653, la charge de surintendant des finances, sous le titre de directeur. En 1654, il fut établi chef du conseil de la marine. En 1661, Louis XIV ayant établi son conseil royal des finances, nomma Etienne d'Aligre, le premier des commissaires qui devaient le composer. Etant devenu doyen du conseil, et le roi voulant tenir lui-même les sceaux, après la mort du chancelier Séguier, il fut encore le premier des commissaires nommés pour y assister avec voix délibérative. Cependant, Louis XIV s'étant mis à la tête de ses armées, dut songer à confier les sceaux à des mains dignes, et ce fut Etienne d'Aligre qu'il honora de ce choix, par lettres, du mois d'avril 1672. Voici quelques lignes de ces lettres rapportées dans l'ouvrage précité de François Duchesne :

» Louis, par la grâce de Dieu, etc., etc., la charge de chan-

» celier de France, estant venue à vacquer au mois de janvier
» dernier, par le décès de nostre très-cher et féal chevalier, le
» sieur Séguier ; nous avons jugé la garde de nos sceaux si im-
» portante pour nostre service, et si considérable pour le bien et
» la tranquillité de nos sujets, que nous ne l'avons pas estimée,
» indigne de nos soings et de nostre application, en sorte que
» depuis ce temps-là nous en avons fait les fonctions avec toute
» l'exactitude et l'assiduité que le mérite de la chose le requiert.
» Mais, comme la protection que nous devons à nos peuples, la
» dignité de nostre couronne et nostre propre gloire nous ont
» fait résoudre de marcher en personne, à la tête de nos armées,
» pour faire ressentir à nos ennemis les justes sujets de nostre
» indignation, et qu'il est nécessaire, avant nostre départ, de
» laisser un dépôt si précieux entre les mains de quelque grand
» et notable personnage, qui ait toutes les qualités réquises pour
» soutenir dignement le poids d'un emploi si important, nous
» avons cru ne pouvoir faire un meilleur ni plus digne choix
» pour ce sujet, que de la personne de nostre très-cher et féal
» messire Estienne d'Aligre, doïen de nostre conseil, tant à
» cause de son mérite particulier, et de la grande expérience
» qu'il s'est acquise dans tous les emplois considérables qu'il a
» exercés, que pour les grands et recommandables services qu'il
» a rendus au feu roy nostre très-honoré seigneur et père, et à
» nous depuis nostre avènement à la couronne, et qu'il continue
» journellement de nous rendre à la tête de nostre conseil, etc. »

Ce choix que fit Louis XIV pour son successeur dans la charge
de garde des sceaux, fut considéré comme une très-grande
marque d'honneur, aussi trouvons-nous dans Duchesne ce qua-
train qui nous explique comment fut appréciée cette haute
preuve de confiance :

SÉGUIER, comblé d'honneurs, de services, d'années,
Mourant dans son illustre employ,
Eut pour successeur un grand roy,
Mais d'ALIGRE succède aux têtes couronnées.

De retour de cette campagne si glorieuse pour nos armes, et dans laquelle le monarque cueillit plus d'un laurier, Louis XIV voulant reconnaître les services nouveaux qu'Etienne d'Aligre lui avait rendus pendant son absence, l'en récompensa en l'élevant à la dignité de chancelier.

« Les rares et recommandables qualités (est-il dit dans les
» lettres-patentes qui lui en furent délivrées) que nous avons
» toujours reconnues en la personne de nostre très-cher et féal
» messire Estienne d'Aligre, chevalier, garde des sceaux de
» France, et le zèle et la fidélité qu'il a fait parroistre dans tous
» les emplois que nous lui avons confiés, etc., etc. ; pour ces
» causes, nous avons résolu de lui donner les titre et dignité
» de chancelier de France, estant bien aise de mettre dans sa
» famille une marque particulière et extraordinaire de nos bien-
» faits, en lui donnant cette première dignité et charge de nostre
» couronne, dont le feu sieur d'Aligre, son père, fut pourvu par
» le feu roy, nostre très-honoré seigneur et père de glorieuse
» mémoire, n'y ayant aucun exemple depuis l'établissement de
» cette grande charge, qu'un père et un fils en ayent été revê-
» tus (1). A ces causes nous avons érigé et érigeons, etc. »

« Ce grand homme, ajoute Duchesne, a toujours vécu dans
» l'esclat de sa pompe et de sa grandeur comme un simple ma-
» gistrat, donnant audience à touttes heures à ceux qui récla-
» maient sa justice ; sa porte n'estait jamais fermée pour per-

(1. On ne sait s'il faut attribuer à l'ignorance ou à la flatterie, cette assertion que, jamais depuis l'établissement de la charge de chancelier, un père et un fils n'en avaient été revêtus ; cependant nous en trouvons dans l'ouvrage de Duchesne deux autres exemples dans les personnes de Pierre et Guillaume Flotte, seigneurs de Revel, et dans celles de Guillaume et Miles de Dormans.

» sonne ; il aimait les gens qui faisaient profession des sciences,
» aussi possédait-il les belles lettres au suprême degré, etc. »

Etienne d'Aligre mourut à Versailles dans l'exercice de ses
hautes fonctions, le 25 octobre 1677. Il avait épousé 1° Jeanne
Lhuillier, fille de François Lhuillier, seigneur d'Interville, secrétaire du Conseil d'état, et d'Anne Brochet de Pontmorand,
dame de Frauville ; 2° Geneviève Guinet, veuve de Jean du Gué
de Villetaneuse, maître des comptes, et fille de Nicolas Guinet,
conseiller au grand Conseil, et de Geneviève Gasteau ; 3° Élisa-
beth Lhuillier, morte sans enfants, le 8 février 1685, fille de
Jérôme Lhuillier, seigneur d'Interville, procureur général à la
cour des comptes de Paris, et d'Isabelle Dreux.

A l'époque où Saint-Vincent de Paule s'occupait avec tant
d'ardeur des soins des enfants trouvés, le chancelier d'Aligre
donna une somme très-considérable pour fonder, pour eux, l'hôpital de la rue du Faubourg Saint-Antoine, et sa femme, en
mourant, fit don de son hôtel pour agrandir cet hôpital qui lui
était attenant ;

6° Louis, marquis d'Aligre, fils du chancelier qui précède ;
après avoir été abbé de Saint-Jacques-de-Provins, il embrassa
la carrière des armes, et fut fait capitaine au régiment de Normandie, le 23 janvier 1643. Il commanda sa compagnie au
siège de Trin et de la citadelle d'Ast, en 1644, au siége de
Roses, en 1645, à celui d'Orbitello, à la prise de l'île de Procida
et à l'escalade de Salerne, en 1648. Créé mestre-de-camp d'un
régiment de cavalerie, le 7 juillet 1650, il défit complétement un
corps de huit cents hommes, et fut créé maréchal-de-camp, le
18 novembre suivant. En 1651, il contribua puissamment à la
prise de Barcelonne et donna les plus grandes preuves de valeur
à la prise de la ville et de l'église de Terrasse, le 28 janvier 1652. Dès le 12 septembre 1651, il avait été nommé com-

mandant de toute la cavalerie de l'armée d'Italie, et l'année suivante il fut nommé lieutenant-général des armées du Roy ; il fit en cette qualité les campagnes de 1652 et 1653, et mourut, le 12 août 1654, âgé seulement de 37 ans ;

7° FRANÇOIS D'ALIGRE, frère du précédent, né le 24 décembre 1620, qui fit profession chez les chanoines réguliers de l'ordre de Saint-Augustin, de la congrégation de France. Le 12 février 1643, il obtint, sur la démission de son frère, MICHEL, dont l'article suivra, l'abbaye de Provins que celui-ci tenait lui-même de la démission de son frère aîné, LOUIS, marquis d'Aligre, lieutenant-général des armées du Roi. Cette abbaye était du diocèse de Sens, il la posséda en régal. Nommé, en 1668, à l'évêché d'Avranches, il n'accepta point ce siége. Mais après que son père eut été créé garde-des-sceaux et ensuite chancelier de France, il sortit de sa retraite pour partager le poids de ces importantes fonctions. Il montra dans cette circonstance des lumières dignes d'être comparées à sa haute piété et à sa charité inépuisable. Après la mort de son père il retourna dans son abbaye, où il mourut, en 1712, après avoir fait plusieurs fondations pour le soulagement des pauvres et dans l'intérêt de la ville de Provins, où sa mémoire est toujours restée en honneur. La ville a eu à regretter la bibliothèque fondée par lui et détruite en 1821, par un incendie ;

8° ÉTIENNE D'ALIGRE, frère du précédent, reçu chevalier de Malte, mort dans un combat naval contre les Turcs ;

9° CHARLES D'ALIGRE, frère d'Étienne, qui précède, abbé de Saint-Riquier au diocèse d'Amiens ; il fut reçu conseiller d'honneur au parlement lorsque son père fut nommé garde-des-sceaux. Il avait abandonné les revenus de son abbaye de Saint-Riquier, qui montaient à 20,000 livres, aux moines de cette maison, qui en firent bâtir une belle église ;

10° Michel d'Aligre, frère du précédent et fils du chancelier, chevalier, seigneur de Villenesle et de Boislandry, qui, d'abord abbé de Saint-Jacques de Provins, quitta l'état ecclésiastique et devint successivement conseiller au parlement de Paris, maître des requêtes, le 28 novembre 1653 et intendant de justice en la généralité de Caen ; il mourut à l'âge de 32 ans ;

11° Étienne d'Aligre, fils de Michel d'Aligre et de Madeleine Blondeau, sa troisième femme, chevalier, seigneur de la Rivière, du Favril, de la Forêt, de Tieux, de Château-Monbretoult et autres lieux, né le 3 janvier, qui fut reçu conseiller au parlement de Paris, le 7 mai 1683, maître des requêtes, le 10 avril 1688, conseiller d'honneur au parlement, en 1689, et enfin président à Mortier, le 19 décembre 1701 ; il mourut à Aix-la-Chapelle, le 15 juin 1725, laissant sept enfants qu'il avait eus de trois femmes qu'il épousa successivement ;

12° Étienne-Jean-François-Marie d'Aligre, chevalier, marquis d'Aligre, seigneur de Boislandry, en faveur duquel les trois terres de Martineau, Boislandry et Frétigny furent réunies et érigées en marquisat, sous le nom d'Aligre ; il naquit le 19 janvier 1717, de Étienne d'Aligre et de Madeleine-Catherine Boivin de Bonnetot, sa troisième femme. Il fut avocat du Roi au Châtelet de Paris, le 17 février 1737, conseiller au parlement, en 1740, maître des requêtes, en 1742, président au grand Conseil, trois ans plus tard, intendant de la ville d'Auch, en janvier 1749, ensuite de Pau et enfin d'Amiens, en 1754. Il conserva cette intendance pendant trois ans, après lequel temps il donna sa démission. Le roi Louis XV, voulant récompenser ses services, lui accorda une pension de 6000 livres qu'il conserva jusqu'à sa mort, arrivée en 1757 ; il ne laissa pas d'enfants ;

13° Étienne-Claude d'Aligre, fils d'Étienne d'Aligre et de Marie-Madeleine le Pelletier, chevalier comte de Marans au pays d'Aunis, seigneur de la Rivière, du Favril, de la Forêt, de la Lande, du Plessy-sur-Pontgoin et autres lieux, né le 26 mai 1694, fut reçu conseiller au parlement, le 30 décembre 1716 et président à mortier le 25 novembre 1724 ; il mourut le 8 avril 1752 ;

14° ETIENNE-FRANÇOIS D'ALIGRE, chevalier, marquis d'Aligre et de la Galaizière, seigneur de la Rivière, du Favril, de la Forêt, de Boislandry, de Frétigny, de Joudrais, de la Lande-Marsollière, de la Ferrière au val Germont, du Plessy-sur-Pontgoin, de Baronville et autres lieux. Né le 17 juillet 1727, il fut conseiller au parlement de Paris, le 3 septembre 1745, président à mortier, le 8 juillet 1752, premier président au parlement de Paris, le 12 novembre 1768, commandeur des ordres du Roi, en 1770. C'est en sa faveur que les terres de Marans et d'Andilly furent réunies en une seule ayant cinq lieues en tous sens et érigées en marquisat sous le nom d'Aligre. Les lettres patentes de cette érection sont du mois de janvier 1777 et ont été enregistrées au parlement de Paris, le 14 dudit mois et an ; il se démit, en 1788, de sa charge de premier président, après avoir obtenu du Roi une audience particulière, où, en présence du ministre Necker, il lut au monarque un mémoire dans lequel il annonçait, avec autant de dévouement que d'énergie, la gravité des événements qui se préparaient, et les dangers qui menaçaient la monarchie. Il émigra dès 1789, se rendit à Londres et de là à Brunswick, où il mourut, le 21 février 1800. Il avait épousé, 1° le 30 janvier 1748, Françoise-Madeleine Talon, morte sans enfants, fille de Louis-Omer Talon, marquis du Boulay, président à mortier au parlement de Paris et de Françoise-Madeleine Chauvelin de Grisenoy ; 2° le 31 janvier 1769, Anne-Catherine-Louise Baudry de Villênes, veuve de Louis de Beauvarlet, chevalier, seigneur de Bommicourt et de la Barre, et fille d'André Baudry de Vil-

lènes, conseiller au parlement de Paris, grand maître des eaux
et forêts d'Artois; de ce mariage sont issus : 1° Etienne-Jean-
François-Charles d'Aligre, dont l'article va suivre ; 2° Catherine-
Étienne-Claude d'Aligre, mariée à Hilaire de Rouillé du Coudray, marquis de Boissy, pair de France, chevalier de l'ordre
royal et militaire de Saint-Louis ;

15° Etienne-Jean-François-Charles, marquis d'Aligre, commandeur de l'ordre royal de la Légion-d'Honneur, fondateur de
l'asile d'Aligre à Chartres, et de l'hôpital d'Aligre à Bonneval, etc., etc., né à Paris, le 20 février 1770. Ses études
étaient à peine achevées, qu'il dut quitter sa patrie pour suivre,
dans l'émigration, son père qui avait d'avance prévu les hor-
reurs qui devaient souiller le sein de la France. Cependant
après la mort de son père et le rétablissement de l'ordre, il revint
prendre possession de l'immense fortune que son père lui avait
laissée. Napoléon, qui de la pointe de son épée, avait ramassé la
couronne arrachée de la tête du meilleur comme du plus infortuné des rois, sentait le besoin de l'affermir sur sa tête, en appe-
lant autour de lui les membres de l'ancienne aristocratie, épar-
gnés par la hache du bourreau ou les rigueurs d'un long exil.
Aussi en 1804, nomma-t-il M. le marquis d'Aligre, chambellan
de la princesse Caroline, reine de Naples, qui le dispensa néanmoins du service de cette charge. La grande fortune de M. d'A-
ligre, excita les prétentions de bien des personnages éminents
de l'époque qui se disputaient la main de sa fille unique ; celui
de tous, qui aurait eu le plus de chance de succès, fut le général
Arrighi, qui avait en Napoléon un puissant protecteur ; mais
toutes les instances de l'Empereur, mille fois répétées, vinrent
échouer devant le refus inébranlable de M. le marquis d'Aligre.

Il a été, depuis la création des Conseils généraux des départements, membre de celui de la Seine jusqu'en 1830. Il fut un des

commissaires nommés par le Conseil municipal de la ville de Paris, pour recevoir Louis XVIII à son entrée, en 1814. Ce prince le nomma, par ordonnance du 26 juillet 1815, président du collége électoral d'Eure-et-Loir, et par ordonnance du 17 août de la même année, pair de France. Dans le procès du maréchal Ney, M. le marquis d'Aligre refusa de prononcer aucune peine contre l'illustre accusé ; quatre autres pairs seulement s'associèrent à son vote. Le mois de mars 1816, il fut nommé membre du conseil des prisons, formé par le préfet de la Seine. Quelque temps avant la révolution de Juillet, le roi Charles X, avait nommé M. le marquis d'Aligre, président du collége électoral d'Eure-et-Loir.

A la tête d'une des plus grandes fortunes de France, M. le marquis d'Aligre, suivant en cela le noble exemple que lui ont légué ses ancêtres, a compris l'usage qu'il devait en faire. Aussi a-t-il fondé plusieurs établissements de charité, dont les plus considérables sont : l'hôpital d'Aligre à Bonneval, et l'asile d'Aligre à Chartres (Eure-et-Loir) pour 300 vieillards hommes et femmes et pour les enfants.

Mais ce n'était pas assez pour M. le marquis d'Aligre de fonder cet asile, il devait en assurer à jamais la prospérité ; et pour cela il a stipulé dans l'acte de fondation une réserve pendant cent ans d'une certaine partie de bien-fonds, dont le revenu doit être accumulé et replacé également en bien-fonds. Cette mesure en assurant à cet établissement les plus vastes et les plus solides moyens de prospérité donne un exemple utile à tous les fondateurs, et à son nom une popularité qui ne s'éteindra qu'avec son bienfait.

M. le marquis d'Aligre a eu deux femmes, la première Marie-Adélaïde-Charlotte Godefroy de Senneville, fille de David Godefroy de Senneville, chevalier, seigneur de la Poterie,

Cressenville, d'Aubeuf-le-Sec, Vertot, le Framboisien et Va-
nécroc, doyen des gentilshommes de la chambre du Roi, et de
Marie-Adélaïde Paviot de Saint-Aubin de Grosville ; la seconde,
Louise-Charlotte-Aglaé Camus de Pontcarré, fille de Louis
Camus, chevalier de Pontcarré, Tarcy et autres lieux, marquis de Viarmes, premier président du parlement de Rouen, et
de Madeleine des Gallois de la Tour. Nous ne parlerons pas ici
de madame la marquise d'Aligre, enlevée tout récemment à
l'affection de sa famille, nous devons lui consacrer une notice
particulière parmi les femmes qui, comme elle, ont travaillé
au soulagement de l'humanité et qui comptèrent toujours les
pauvres parmi leurs meilleurs amis. Il n'y a eu de ces deux
mariages qu'une fille, qui épousa en 1810, Michel Marie marquis de Pomereu, chef de l'illustre maison de ce nom dont nous
parlerons dans cet ouvrage ; aussi pour ne pas laisser éteindre
son ancienne et illustre maison. M. le marquis d'Aligre a-t-il,
par ordonnance royale en date du 14 décembre 1825, adopté son
petit-fils M. Étienne-Marie-Charles de Pomereu, né à Paris le
3 mai 1813, qui a obtenu ainsi l'autorisation d'ajouter à son nom
celui de d'Aligre. De bonne heure celui-ci a compris les obligations que lui imposait le grand nom qu'il a pris, et nous pouvons
assurer qu'il n'y faillira pas. Les travaux historiques, aux quels
il consacre ses loisirs témoignent de ses capacités soit comme
historien, soit comme écrivain. Les nobles exemples de son
grand-père, ne peuvent que le maintenir dans les sentiments
élevés qui le distinguent et qui en feront, à tous égards, le
digne héritier des d'Aligre.

Un mot encore : la jalousie aidée de la malveillance a fait
traiter d'avarice la sage économie qui a toujours été une des
qualités de la maison d'Aligre ; nous détruirons cette calomnie
par des faits. MICHELLE, fille d'Étienne d'Aligre et femme de Jean

Poquet, fonda de ses deniers le collége de Chartres;

Le chancelier ÉTIENNE d'Aligre donna une somme considérable pour la fondation de l'hôpital des enfants trouvés du faubourg Saint-Antoine, et sa femme fit don de son hôtel pour agrandir cet hôpital;

FRANÇOIS, fils d'Étienne d'Aligre consacra toute sa fortune à des établissements de charité et à l'assainissement de la ville de Provins;

CHARLES, frère du précédent, abandonna les revenus de son abbaye de Saint-Riquier qui montaient à 20,000 livres, aux moines de cette maison qui en firent construire une belle église.

Et pour clore cette liste que nous pourrions allonger, nous dirons que M. le marquis d'Aligre actuel consacre tous les ans 100,000 francs, à l'entretien des établissements qu'il a fondés.

Que les calomniateurs de cette famille, nous montrent des titres aussi recommandables que ceux que nous venons de citer!

Les ARMES de la maison d'Aligre actuelle sont :

Burelé d'or et d'azur de dix pièces, au chef d'azur chargé de de trois soleils d'or; elles ont pour SUPPORTS deux lions, et pour DEVISE : *non uno gens splendida sole*.

DE LANSAC.

Imp. DE DELACOUR et MARCHAND Frères, rue de Sèvres, 94, à Vaugirard. — Dépôt à Paris, rue St Jacques, 80.

MADAME LA MARQUISE D'ALIGRE.

Parmi les femmes distinguées que Paris a vues dans son sein depuis le commencement de ce siècle, on nous saura gré d'en faire figurer une qui a laissé après elle le souvenir le plus touchant.

Possédant tous les talents que procure une bonne éducation, madame la marquise d'Aligre eût pu y trouver une juste célébrité ; mais, comme si elle avait compris de bonne heure toute la vanité de cette gloire passagère, elle n'y attacha aucune importance. En suivant les nobles inspirations de son cœur, elle élevait à sa mémoire un monument impérissable, à l'abri du caprice du temps et des hommes, parce qu'il reposait sur des vertus et des bienfaits.

Mme Louise-Charlotte-Aglaé Camus de Pontcarré, marquise d'Aligre, née le 26 avril 1776, était issue d'une famille très-ancienne, originaire de la ville d'Auxonne, en Bourgogne.

Cette Maison (1), une des plus illustres de la province, a donné

(1) Voir pour plus amples renseignements sur la maison Camus de Pontcarré, la troisième catégorie de l'Encyclopédie : Illustrations Nobiliaires, où une notice particulière a été consacrée à cette grande et illustre famille.

à la France des personnages très-éminents par leur mérite et leurs vertus, autant que par les fonctions élevées auxquelles ils ont été promus.

Elle compte parmi ses membres un premier président du parlement d'Aix, en Provence, nommé par Henri III et Henri IV; trois premiers présidents du parlement de Normandie, sous les règnes de Louis XIV, de Louis XV et de Louis XVI; deux évêques, aussi recommandables par leur mérite éminent que par leurs vertus solides et leur piété touchante; des maîtres des requêtes; des prévôts de Paris; un lieutenant-général des armées du Roi; des officiers supérieurs; des chevaliers et commandeurs de l'ordre de Malte, etc., tous heureux de l'héritage de grandeur et de noblesse qu'ils avaient reçu de leurs ancêtres, et l'augmentant encore par les services précieux qu'ils rendaient chaque jour à leur pays.

Mme la marquise d'Aligre était fille de Louis-François-Elie Camus de Pontcarré, chevalier seigneur de Pontcarré, Torcy et autres lieux, marquis de Viarmes, premier président du parlement de Rouen, et de Madelaine de la Tour, fille de Jean-Baptiste des Gallois de la Tour, vicomte de Gléné, marquis de Saint-Aubin, premier président du parlement d'Aix et intendant de Provence, et de Marie-Madelaine d'Aligre, fille d'Etienne-Claude d'Aligre, chevalier seigneur de la Rivière, du Favril, etc., comte de Marans, au pays d'Aunis, président au parlement de Paris, et sœur d'Etienne-François, chevalier seigneur de la Rivière, Baronville et autres lieux, marquis d'Aligre et de la Galaizière, premier président du parlement de Paris et premier commandeur des ordres du Roi, père de M. le marquis d'Aligre actuel, d'où il résulte qu'avant son mariage, Mme la marquise d'Aligre était déjà nièce, à la mode de Bretagne, de M. le marquis d'Aligre, son époux.

Les premières années de Mlle Louise-Charlotte-Aglaé Camus de Pontcarré s'écoulèrent douces et heureuses au sein de sa famille, dont elle faisait le bonheur. Elle partageait son temps entre l'étude et les joies pures et innocentes de l'enfance.

Mlle de Pontcarré n'avait encore que quinze ans lorsque les événements de 1789 entraînèrent le premier président, son père, dans l'émigration où elle l'accompagna. Par ses soins empressés et affectueux, par sa douceur et sa bonté, elle sut épar-gner à son père les souffrances et les malheurs de l'exil. Ce temps d'épreuves ne fut pas perdu pour Mlle de Pontcarré ; son cœur, naturellement sensible, acquit cette force et cette énergie qui aident à supporter, sans murmure, la fortune contraire des temps difficiles. Et, en passant ainsi brusquement du bonheur au malheur, elle apprit à jouir de l'un avec calme et mesure, et à supporter l'autre avec courage et résignation, tandis qu'elle faisait l'apprentissage de ces vertus précieuses se résumant en une seule, la charité, qui apprend à connaître les infortunes d'autrui, à y compatir, à les soulager. Chacun sait que Mme la marquise d'Aligre était la personnification la plus vraie, la plus touchante de cette vertu sublime.

Après qu'elle eût passé quelque temps en émigration, le premier président, M. de la Tour, son grand-père, déjà plus qu'octogénaire, veuf et privé de ses enfants émigrés, réclama les soins de sa petite fille. Cédant aux vœux de ce vieillard, pour lequel elle avait une grande affection, et encouragée par son noble père, qui eut le courage de se séparer de son enfant chérie, elle vint se fixer auprès de son grand-père, et prodiguer à sa vieillesse les soins les plus tendres et les plus délicats. Elle resta avec lui jusqu'à sa mort, qui eut lieu à l'âge de quatre-vingt-sept ans. Ce magistrat, justement distingué, s'éteignit doucement dans les bras de sa petite-fille, emportant l'estime de ses concitoyens, et leur laissant le souvenir de ses éminents services et d'une carrière noblement remplie.

Ce fut seulement en 1810 et après la mort de son grand-père, que Mlle de Pontcarré, qui avait jusque-là refusé les partis qui s'étaient présentés pour obtenir sa main, consentit à la donner à M. le marquis d'Aligre, son plus proche parent, qui était veuf avec une seule fille qu'il avait eue de son premier mariage avec Mlle de Senneville. Elle combla, par cette union, les vœux de leux familles qui lui étaient tendrement attachées. Ce mariage fut remarquable par un concours de circonstances tellement rares, que nous croyons devoir les rappeler. Les assistants virent célébrer au même autel, à la même messe, trois mariages :

Celui du père,

Celui de la fille,

Celui de la nièce.

Celui du père, c'est-à-dire de M. le marquis d'Aligre avec Mlle de Pontcarré ;

Celui de la fille, c'est-à-dire de la fille de M. le marquis d'Aligre avec M. le marquis de Pomereu ;

Celui de la nièce, c'est-à-dire de la nièce de M. le marquis d'Aligre, Mlle de Boissy, fille de M. Hilaire Rouillé, marquis de Boissy, et de Mme Catherine-Etienne-Claude d'Aligre, sœur de M. le marquis d'Aligre, avec M. le marquis de Preaulx.

Une fois mariée, Mme la marquise d'Aligre comprit toutes les obligations de sa nouvelle position, et n'y manqua jamais. Le ciel lui ayant refusé le bonheur d'être mère, elle concentra toute sa tendresse sur les enfants de la fille de son mari, laquelle avait épousé M. le marquis de Pomereu. Cette femme, vraiment supérieure, faisait avec une grande distinction les honneurs de sa maison à ses nombreux amis ; sa politesse digne et gracieuse n'établissait point de différence entre les diverses positions sociales de ceux qui obtenaient la faveur d'être admis dans sa société ; elle possédait à un très-haut degré ce tact, bien rare de nos jours, qui apprend à ne jamais blesser les convenances, ni froisser les plus délicates susceptibilités. C'est ainsi qu'elle rappelait par l'aisance et la noblesse de ses manières, par la bienveillance de son accueil toujours aimable, par l'égalité de son humeur toujours gracieuse, par la douceur de son caractère, cette ancienne politesse française qui disparaît tous les jours de notre beau pays, berceau incontestable de la civilisation et de la galanterie.

Bonne, aimable, vertueuse et charitable, la société a regretté et regrette encore une personne qui en faisait le charme et l'ornement. Irréprochable dans sa conduite et dans ses mœurs, elle était l'ennemie déclarée du vice, et cependant elle était remplie d'indulgence pour les erreurs et les fautes des autres. Rarement il sortait de sa bouche une parole de blâme, mais elle ne tarissait pas en consolations ; et pour montrer qu'il n'était pas impossible de vivre dans la sagesse et la vertu, elle offrait pour modèle sa noble et digne conduite.

Elle avait hérité de M. de La Tour, son grand-père, de la terre de Saint-Aubin, en Bourbonnais; elle engageait M. le marquis d'Aligre à y faire de fréquents voyages, et elle profitait de la présence de son mari pour répandre avec plus d'abondance ses bienfaits sur tous les malheureux de la contrée. Il faut dire aussi qu'elle trouvait en lui un digne émule en bienfaisance et en charité.

Depuis la mort de madame d'Aligre, son mari, qui savait qu'elle avait hérité de l'affection de son grand-père pour le bel établissement des eaux thermales de Bourbon-Lancy, placé dans le voisinage de la terre de Saint-Aubin, a cédé à la ville, pour honorer la mémoire de sa noble épouse, une fontaine d'eau douce, dont il était propriétaire, et s'est chargé de faire conduire les eaux, à ses frais, dans l'établissement thermal qui en était privé.

Il a fait aussi l'acquisition importante de plusieurs maisons formant l'enceinte de la place près des eaux et de l'hôpital; de plus, il y a joint le don d'un vaste et fertile terrain destiné à former un beau jardin pour l'hôpital.

M. le marquis d'Aligre a fait ces dons à la ville, à la charge par elle, d'en verser le revenu à l'hôpital, afin d'y recevoir, loger et nourrir un grand nombre de pauvres malades, et principalement ceux qui affluent chaque année à Bourbon-Lancy, et qui étaient privés de ce secours.

Des salles seraient destinées à recevoir les lits fondés par madame la marquise d'Aligre pour les pauvres malades, car sa bonté éclairée s'est constamment occupée d'améliorer le sort des malheureux.

Par reconnaissance, l'administration de la ville de Bourbon-Lancy a rendu un arrêté par lequel il est dit que, dans l'église de l'hôpital, il serait élevé un monument pieux à la mémoire de la donatrice; qu'il sera célébré un service chaque année pour le repos de son âme, et qu'une distribution de blé sera faite aux pauvres malades qui se trouveraient aux eaux. De plus, un monument serait placé au-dessus de la fontaine due au bienfait de madame la marquise d'Aligre, et la place fondée par elle porterait son nom.

Quoique placée au premier rang de la société française par sa noblesse et sa fortune, elle fut inaccessible à toute vanité. Au milieu des grandeurs dont elle était entourée, elle resta toujours aussi simple, aussi modeste qu'elle l'était à cette époque de pénible mémoire, où, fille de l'exilé, elle n'avait que ses soins et sa tendresse pour consoler sa vieillesse et calmer ses ennuis. Toutefois elle appréciait les avantages de sa haute position, car elle y trouvait les moyens, soit par des démarches bienveillantes, soit par sa fortune, de soulager un plus grand nombre de malheureux, et de s'unir aux actes nombreux de bienfaisance qui ont dans tous les temps honoré et rendu cher à la France le nom illustre qu'elle portait.

C'est ainsi que, non contente de nourrir, de vêtir les pauvres, soit à Paris, soit à la campagne, elle a voulu encore s'associer à la fondation de l'asile d'Aligre, où ses cendres reposent. Nous pouvons, sans crainte d'être démentis, assurer que tout son bien a été consacré à des œuvres de bienfaisance. Le pays Chartrain entre autres verra se perpétuer une pieuse institution qui porte le nom de la famille à laquelle elle s'était unie, et à laquelle elle tenait déjà par liens de la parenté la plus proche. Cette institution, grâce à la sage et intelligente organisation qu'elle a reçue de ses fondateurs, offre à jamais aux vieillards indigens du département un refuge contre la misère et les souffrances.

On ne s'étonnera pas qu'une femme menant une vie si honorable, si pieuse, si remplie d'actes qui commandent le respect et la vénération, n'ait soulevé contre elle ni l'envie, qui s'attache à tout ce qui brille, ni la jalousie qui s'efforce de rabaisser tout ce qui est vraiment supérieur. Elle fut au nombre si rare des femmes distinguées par leurs vertus qui ne rencontrèrent jamais de cœurs ennemis.

Possédant toute la confiance de M. le marquis d'Aligre, elle partageait ses joies, ses plaisirs et ses peines ; et jamais dévouement plus entier n'avait attaché une femme à son mari. L'événement terrible qui fit craindre pour les jours de son époux a pu contribuer à briser les liens sympathiques qui les unissaient si tendrement. Combien elles furent grandes la consternation et la douleur qui vinrent frapper toute la famille, lorsque, le 27 janvier 1843, elle perdit à jamais cette femme que distinguaient ses qualités personnelles, sa piété exemplaire, ses hautes vertus. Parens, amis, serviteurs, tous pleurèrent et pleurent encore celle qui fut au nombre de ces femmes pures et saintes qui apparaissent à de longs intervalles sur la terre pour consoler l'humanité, et qui font à la fois le bonheur de la famille, l'ornement de la société, l'honneur et la gloire de leur sexe.

A notre appréciation, nous pouvons ajouter le portrait qu'a fait d'elle madame de Genlis, dans l'ouvrage précité :

« En rappelant qu'après avoir été éprouvée par une longue ad-
« versité, elle a quitté la terre de l'exil pour rapporter le bonheur
» dans le sein de sa famille ; qu'elle a considéré la fortune comme
» un don de la Providence, comme un moyen de répandre la fé-
» licité autour d'elle ; qu'à son nom seul prononcé coulent des
» larmes d'attendrissement ; en ajoutant qu'on ne peut la con-
» naître sans éprouver pour elle les sentiments d'estime et de
» vénération que commande la bienveillance la plus active et la
» plus éclairée, jointe à la pratique de toutes les vertus chré-
» tiennes, je ne dirai que ce qui est su de tout le monde, et j'au-
» rai peint madame la marquise d'Aligre. »

M. le marquis d'Aligre, plus que personne, a senti vivement la perte cruelle qu'il a faite dans la personne de celle qui le rendit si longtemps heureux. Son épouse adorée a emporté avec elle un souvenir qui ne s'éteindra que le jour où la même tombe s'ouvrira pour recevoir les cendres de celui qu'elle aima si longtemps, et qu'elle attend dans une place réservée à côté d'elle.

Les ARMES de la maison de Pontcarré sont : d'azur à l'étoile d'or accompagnée de trois croissants montants d'argent, posés deux en chef et un en pointe, surmontées d'une couronne de marquis ; elles ont pour SUPPORTS deux lions et pour DEVISE :
Justitia est potentia regum.   DE LANSAC.

CLERMONT-TONNERRE (MAISON DE).

Etiamsi omnes te negaverint, ego non te negabo.

Cette devise, qui accompagnait les deux clés en sautoir que
le pape Calixte II avait permis de prendre à Sibaut II, de la
maison de CLERMONT, en récompense des services qu'il lui avait
rendus, a toujours été, pour cette illustre famille, une règle invariable de conduite, non-seulement en ce qui concerne l'église,
mais encore pour les principes de morale, d'ordre, de stabilité,
de légitimité, de fidélité.

La maison de CLERMONT-TONNERRE, qui tire son nom de la
réunion des deux familles de CLERMONT et de TONNERRE, est une
des plus anciennes et des plus illustres de France. Son ancienneté est historiquement constatée depuis le VIIe siècle, et
quant à son illustration, elle lui est acquise à tous les titres,
par la grandeur de ses alliances, par le mérite et la considération de ses membres, par les grands emplois, les grades élevés,
les dignités et les honneurs dont ils ont été revêtus, par les
nombreux et loyaux services qu'ils ont rendus dans tous les
temps, par les vertus éminentes qui, dans cette maison, sont
héréditaires comme la fidélité, l'honneur et le courage, et

enfin, ce qui n'est pas à nos yeux, malgré l'esprit du siècle, le moins beau fleuron de leur couronne, par plusieurs personnages qui dans l'une et l'autre famille ont mérité les honneurs si rares de la sainteté.

Parmi les alliances de la maison de Clermont-Tonnerre, on distingue celles qui ont eu lieu avec les maisons souveraines de Sicile (1), de Franconie, de Bourgogne, de Savoie, de la Marck, de Bouillon; avec celles de Virieu, de Valentinois, de Beauvilliers, de Seyssel, d'Ancézune, de Polignac, de Poitiers, de la Tour-du-Pin, de Sassenage, de Crussol, de Saint-Vallier, d'Escars, de Montmorency, de la Rochefoucault, de Créqui, etc.

Elle a donné des supérieurs et des supérieures de monastères, des évêques, des archevêques, des cardinaux, des légats pontificaux, des conseillers du roi, des gouverneurs de provinces, des grands maîtres de Malte, des mestres-de-camp-généraux de cavalerie, des lieutenants-généraux, des maréchaux de France.

Les saints dans la maison de TONNERRE sont :

I. Saint Guerri ou Géric (*Gericus*) qui, après avoir été abbé du monastère de Saint-Pierre-le-Vif, ordre de Saint-Benoît, fut archevêque de Sens et mourut en 708.

II. Saint Ebbon, neveu du précédent, comme lui, religieux du même ordre et, comme lui, élevé au même siége archiépiscopal; il mourut en 750.

(1) Catherine de Clermont épousa Ladislas, roi de Naples, de Sicile et de Jérusalem; Isabeau, fille de Tristan de Clermont et de Catherine des Ursins, épousa Ferdinand d'Aragon, roi de Naples; Alphonse II, successeur de Ferdinand, et Frédéric son frère, furent les fruits de ce mariage.

III et IV. Les saintes Ingoare et Léoterie, religieuses béné-
dictines, sœurs d'Ebbon; elles moururent, l'une en 750, et
l'autre en 755.

V et VI. Saint Honulphe et saint Honobert son fils; tous deux
occupèrent successivement le siége archiépiscopal de Sens; ils
moururent, le premier en 756, le second en 761.

VII. Saint Thierry, religieux du monastère de Saint-Pierre-
le-Vif; il fut évêque d'Orléans, et mourut au château de Tonnerre, l'an 1015.

VIII. Saint Robert, fils de Guillaume, comte de Tonnerre; il
fut abbé de Saint-Michel de Tonnerre, et fonda l'ordre de
Citeaux; il est mort en 1108.

Dans la maison de CLERMONT, on trouve :

I. Saint Amédée Ier, fils de Sibaud Ier, comte de Clermont,
qui se retira à l'abbaye de Bonnevaux avec seize gentilshommes
de ses vassaux, et y mourut en 1110.

II. Saint Amédée II, fils du précédent, qui fut évêque et
prince de Lausanne, chancelier de l'empereur Frédéric Ier,
tuteur du comte de Savoie, et régent de ses Etats en 1150.

III. Saint Guillaume, archevêque de Bourges, qui mourut
en 1209.

Notre intention n'est pas de donner toute la généalogie de la maison de CLERMONT-TONNERRE, nous nous bornerons à rappeler les principaux personnages qui, aux différentes époques de notre histoire, ont soutenu l'éclat d'un des plus beaux noms de la noblesse de France.

Nous voyons, vers l'an 1000, Sibaut ou Siboud, premier du nom, baron de Clermont, seigneur héréditaire de Saint-Geoire, Chatte, etc., épouser Adélaïs d'Albon, petite-fille de l'empereur Henri III, par Maisinde, sa mère, et leur fils, Sibaut II, à la tête d'une armée composée en grande partie de ses vassaux, chasser de Rome, l'Anti-Pape Maurice Bourdin, et replacer sur le trône pontifical Calixte II, élu pape, à Vienne, l'an 1119. C'est en récompense de cet éminent service, que le pape lui permit de porter dans ses armes, *deux clés posées en sautoir sur un champ de gueules surmontées de la thiare papale*, avec cette devise : *Etiamsi omnes te negaverint, ego non te negabo* (1).

Dans le XIVe siècle, Aynard II, fils de Godefroy 1er et de Béatrix de Savoie, se distingue comme homme de guerre et comme politique ; l'influence de sa Maison est telle, que les comtes de Savoie et les Dauphins briguent son alliance ; Humbert II le nomme capitaine-général des armées delphinales, et grand sénéchal de sa maison. A la fin du siècle suivant, Philibert de Clermont-Montoison est appelé, par la confiance de Charles VII, à faire, auprès de sa personne, la guerre d'Italie. Émule et compagnon d'armes de Bayard, il fait avec lui la conquête du royaume de Naples, et se couvre de gloire à la fameuse bataille de Fornoue. Au moment où l'armée française plie sous

(1) Les aînés ajoutent, ou peuvent ajouter à ces armes, pour cimier, une figure de saint Pierre portant les clés, et en outre les anciens étendards de la province du Dauphiné, depuis la concession qu'en fit Humbert, dernier dauphin de Viennois, à Aynard II.

le nombre des confédérés qui tentent un effort décisif, le roi voyant sa défaite imminente, s'écrie : *A la recousse, Montoison!* Cet appel, fait à l'un des plus braves chevaliers de l'armée, ranime la confiance; l'avant-garde commandée par Philibert de Clermont se précipite sur l'ennemi, et ouvre ainsi un passage à l'armée devenue victorieuse.

Le XVIe siècle ajoute encore à l'éclat de la maison de Clermont, par les services que rendent à la monarchie plusieurs de ses membres; ainsi nous trouvons à la bataille de Marignan, Antoine, deuxième du nom, qui avait épousé, en 1516, Anne de Poitiers; il se fait remarquer par son courage, à cette mémorable journée, ainsi que son oncle, Bernardin, vicomte de Tallart, qui avait épousé en 1496, Anne de Husson, fille d'Henri, comte de Tonnerre, et d'Antoinette de la Trémoïlle; Antoine, troisième du nom, prend une part honorable à la défense de Mézières, où il s'est enfermé avec Bayard, et fait avec distinction la campagne de 1525; il est fait prisonnier à Pavie. Julien, son frère, est la tige des Clermont-Thoury; Laurent est tué à la bataille de Cérisolles; Louise, leur sœur, reçoit en partage le comté de Tonnerre, qu'elle lègue à son petit-neveu Charles-Henri de Clermont, qui le premier joint le nom de Tonnerre à celui de Clermont; elle meurt à l'âge de quatre-vingt-douze ans, n'ayant eu d'enfant ni de son premier mariage avec François du Bellay, ni de son second avec Antoine de Crussol.

Claude et Henri, fils d'Antoine, se distinguent par de beaux faits d'armes; le premier est tué à la bataille de Moncontour en 1569. N'oublions pas une femme remarquable par les grâces de son esprit et son instruction profonde, Claude-Catherine de la branche de Clermont-Mont-Saint-Jean, duchesse de Retz, par son mariage avec Albert de Gondy. Lorsque les ambassadeurs de Pologne vinrent offrir la couronne au duc d'Anjou, ils s'exprimèrent en latin; ni le roi, ni aucun seigneur de la cour ne put y répondre; la duchesse de Retz seule fut en état de le faire, et elle s'en acquitta avec autant de grâce que de modestie.

Henri, comte de Clermont, est nommé duc et pair de France, en récompense de ses grands et loyaux services; il est tué au siége de La Rochelle, sans avoir eu le temps de faire enregistrer ses brevets, et la dignité de premier pair laïque du royaume s'éteint avec lui; enfin, Charles-Henri, comte de Clermont et de Tonnerre, fils de Henri et de Diane de La Marck, acquiert la confiance de Henri IV par ses exploits et son dévouement, tandis que Aimar de Clermont-Chatte, grand-maître de l'ordre de Saint-Lazare et maréchal de celui de Saint-Jean-de-Jérusalem, ouvre au roi les portes de Dieppe, et dégage l'armée du maréchal de Biron.

Le beau siècle de Louis XIV compte, parmi les personnages qui l'illustrèrent, plusieurs membres de la maison de Clermont. François, fils aîné de Charles-Henri, fut un vaillant et habile capitaine; il eut l'honneur de recevoir le roi dans son château d'Ancy-le-Franc; Roger, son second frère, fut la tige de la branche de Cruzi devenue ducale; un autre frère mourut sous les murs de Jonvelle en Franche-Comté, et leur sœur, Magdeleine de Clermont, supérieure de Saint-Paul-les-Beauvais, se rendit recommandable par ses vertus et sa piété. Sa nièce, qui porte aussi le nom de Magdeleine, lui succède dans cette dignité et dans sa pieuse renommée. Jacques, second fils de François et de Marie Viguier, commença ses exploits dès l'âge de quinze ans; son frère aîné, Charles-Henri, fut blessé mortellement à la Bassée; François, troisième fils de Jacques, entra dans l'état ecclésiastique, occupa le siége de Noyon, et devint membre de l'Académie française, où il fonda le prix de poésie française;

Charles de Clermont-Chatte, seigneur de Gessains, fut élevé,
en 1660, à la dignité de grand-maître de Malte ; enfin, le marquis Gaspard de Clermont-Tonnerre, à qui Louis XIV dit, en
lui donnant le régiment de Gèvres : « Monsieur de Clermont-
Tonnerre, je ne donne jamais de régiment à votre âge (il n'avait
que vingt-deux ans), mais j'en donne à la manière dont vous
m'avez servi, » commença la longue série de ses services militaires au siége de Kehl, en 1703 ; il fut successivement nommé
colonel en 1709, brigadier en 1716, maréchal-de-camp en 1731,
lieutenant-général en 1734, mestre-de-camp de cavalerie en
1736 et maréchal de France en 1747. Il se distingua à la prise
de Prague, au combat de Sahay, à la défense de l'Alsace, aux
siéges de Fribourg, de Courtray, de Tournay, de Bruxelles,
d'Oudenarde et à la fameuse bataille de Fontenoy, où il commandait la gauche de l'armée française ; il se couvrit de gloire à
Rocoux et à Lawfeld surtout dont il décida le succès par le puissant appui qu'il donna à l'infanterie, en restant exposé pendant
quatre heures avec ses escadrons au feu de quarante canons.
Cette dernière affaire lui valut les éloges les plus flatteurs de
Louis XV, qui lui donna en récompense le baton de maréchal.

La Maison de Clermont-Tonnerre a figuré avec éclat à la fin
du XVIIIᵉ siècle ; mais ni les vertus privées, ni le mérite rare,
ni les services rendus n'ont pu la sauver des cruautés de
la révolution. Jules-Charles-Henri, lieutenant-général, après
avoir partagé la gloire du marquis Gaspard de Clermont-
Tonnerre, son père, à Fontenoy, à Rocoux, à Lawfeld, périt
sous la hache révolutionnaire, deux jours avant la chûte de
Robespierre ; son fils aîné fut fusillé après le siége de Lyon
(octobre 1793) ; le second, après avoir été évêque de Châlons
(1782), devint cardinal et archevêque de Toulouse sous la
restauration (1822) ; le troisième émigra et suivit jusqu'au der-

nier jour, la fortune de l'armée de Condé ; il mourut en 1842,
lieutenant-général, grand-croix de l'ordre de Saint-Louis et
commandeur de Saint-Lazare. Le petit-fils du maréchal, le
comte Stanislas de Clermont-Tonnerre, colonel avant 1789,
député de son ordre aux États-Généraux, et ensuite membre de
l'Assemblée nationale, avait senti la nécessité de quelques
réformes, et les avait formulées dans les cahiers de la noblesse
du bailliage de Meaux. Partisan d'une sage liberté autant que
des principes monarchiques, il y resta toujours fidèle, et les
défendit avec courage et talent jusqu'à sa mort. Après l'arrestation de Louis XVI, à Varennes (22 juin 1791), il protesta énergiquement contre les persécutions auxquelles ce prince fut en
butte ; ce noble courage fut pour lui un arrêt de mort, il fut,
en effet, massacré le 10 août 1792.

M. le duc de Clermont-Tonnerre (Aimé-Marie-Gaspard), chef
actuel de la branche aînée de sa maison, est né à Paris le 27 novembre 1779. Après avoir fait de bonnes études, il entra à
l'école polytechnique, où il eut des succès brillants ; à sa sortie
de l'école d'artillerie de Châlons, il fut envoyé à Metz pour y
remplir les fonctions d'adjoint au professeur de fortifications,
à l'école d'artillerie et de génie réunis. Nommé, un an après,
chef d'études à l'école polytechnique, et désigné en même temps
pour faire partie du 5e régiment d'artillerie à cheval, il rejoignit
sa compagnie à Dunkerque ; elle faisait partie de l'armée qui se
formait sur les Côtes. Aide-de-camp du général Mathieu Dumas,
il fit la belle campagne de 1805, qui se termina par la victoire
d'Austerlitz ; l'année suivante, il se distingua au siége de Gaëte ;
et, sur la demande de Masséna, Napoléon lui accorda en
récompense le grade de capitaine et la croix de la Légion-
d'Honneur. Il revint ensuite à Naples, où le roi Joseph le chargea

de l'organisation de l'artillerie à cheval de la garde. Compris
bientôt parmi les officiers qui devaient composer la maison militaire de Joseph, ce fut en vain qu'il réclama contre le décret de
l'Empereur qui l'enlevait du service de France. Joseph le nomma
chef d'escadron en 1807, et l'année suivante, lorsqu'il passa au
trône d'Espagne, il le prit pour aide-de-camp, après lui avoir
accordé le brevet de colonel. Il lui confia plusieurs missions, et
le chargea de l'organisation du régiment royal-Irlandais, qui, par
son instruction, sa tenue et sa discipline, mérita d'être comparé
aux plus beaux régiments français. En 1811, envoyé près l'Empereur, il épousa Madame Mélanie de Carvoisin d'Achy, et
quitta le service d'Espagne. Chargé, en 1813, de l'organisation
des gardes nationales du département de l'Eure, il s'en acquitta,
malgré les difficultés des circonstances, de manière à mériter,
de la part des populations, l'estime et la considération que les
années n'ont pu affaiblir.

Après l'abdication de Fontainebleau, M. de Clermont-Tonnerre
se retrouva, avec bonheur, sous le gouvernement de Louis XVIII,
qui le nomma lieutenant des mousquetaires gris (grade correspondant à celui de colonel), chevalier de Saint-Louis, et officier
de la Légion-d'Honneur ; l'année suivante, il fut fait maréchal-de-
camp et commandeur de la Légion-d'Honneur ; le roi le chargea
de l'organisation et du commandement de la brigade des grenadiers à cheval de la garde royale, et l'éleva à la dignité de pair
de France, avec le titre de marquis, qu'il a porté jusqu'en 1842,
époque de la mort de son père ; depuis lors, il porte le titre
de duc.

La carrière parlementaire de M. de Clermont-Tonnerre n'a
pas été sans éclat. Orateur brillant, logicien serré, penseur
profond, son rôle a eu d'autant plus d'influence que sa politique
était toujours dégagée des questions personnelles ; les principes

et les idées étaient tout pour lui. Aussi défendait-il ou appuyait-il les projets qui étaient soumis aux délibérations de la Chambre haute, lorsqu'ils lui paraissaient utiles au pays, sans s'inquiéter des auteurs de ces projets, il combattait ou repoussait également les propositions contraires aux intérêts de la France ou à la constitution. Cette tactique franche et loyale fit des adversaires politiques à M. de Clermont-Tonnerre, mais jamais d'ennemis, et dans plusieurs circonstances importantes avons-nous vu ceux qu'il avait combattus se réunir à lui ; nous citerons entre autres la proposition Barthélemy, la question d'omnipotence à la Chambre des pairs, la loi d'élection. En 1816, lors de la présentation simultanée des deux projets de loi d'élection, l'un proposé par le Gouvernement, l'autre introduit sous le titre d'amendement par la Chambre des députés, et tous deux contraires à la Charte, M. de Clermont-Tonnerre se révéla à la chambre comme digne de compter parmi ses premiers orateurs. Il s'attacha à prouver que la stabilité du Gouvernement et le salut de la France dépendaient uniquement du maintien de la Charte, et que la monarchie ne pourrait attenter à l'inviolabilité de cette loi fondamentale, sans un grand dommage pour le trône lui-même et pour le pays. Il contribua ainsi au rejet des deux propositions. L'année suivante, M. de Clermont-Tonnerre combattit de toutes ses forces le projet de loi tendant à substituer l'élection directe au système à deux degrés, et constituant ainsi l'omnipotence des électeurs à cent écus. Après avoir averti le Gouvernement des périls auxquels il s'exposait par ces changements, qu'il regardait comme une véritable révolution, il s'attacha à démontrer les avantages du système à deux degrés, même pour la sincérité et la moralité de l'élection, et finissait par prouver qu'avec l'élection par un seul vote, le droit de dissolution était désormais illusoire ; enfin , répondant à ceux qui disaient que si la loi proposée était mauvaise on la changerait, il disait aux ministres :

« Croyez-vous que quand vous voudrez revenir sur vos pas,
« vous trouverez toujours une Chambre dont la majorité décidera
« que pour avoir de bons députés, il faut bouleverser de fond en
« comble le système d'élection par lequel elle aura été produite?
« Non, Messieurs, vous ne le croyez pas, et vous savez au contraire
« que plus cette Chambre serait de nature à vous faire désirer
« que le mode d'élection changeât, moins elle serait disposée à
« y consentir. Mais vous faites comme Agathoclès : vous em-
« brasez vos vaisseaux sur le rivage, pour vous ôter tout espoir
« de retour. »

Malgré la force de ces arguments, la loi passa; toutefois le ministère n'osa pas en tenter l'application par une élection totale.

En 1818, M. le duc de Clermont-Tonnerre appuya le projet de loi sur le recrutement, présenté à la Chambre des pairs par le maréchal Gouvion-Saint-Cyr. Il entra, à ce sujet, dans des considérations savantes, et montra que les peuples les plus puissants, durent leur supériorité politique à une bonne constitution militaire. Après avoir prouvé, par l'histoire ancienne et moderne, que la profession des armes fut toujours regardée comme une obligation honorable, il établit, d'une manière péremptoire, la distinction qui existe entre la conscription abolie par la Charte et le recrutement consacré par elle; « il y a, « s'écriait-il, autant de différence entre les deux lois qu'entre « l'abus et l'usage. » M. de Clermont-Tonnerre prit la parole dans presque toutes les grandes questions qui furent traitées à la Chambre, et si toujours ses efforts n'obtinrent pas le succès qu'il était en droit d'en attendre, ses discours, du moins, eurent une grande influence, et le placèrent au rang des hommes politiques les plus capables et les plus puissants ; nous citerons principalement les projets de loi sur la presse quotidienne, les élections, la conversion et la réduction des rentes, la loi de recrutement.

Membre de la commission chargée, l'année suivante, d'examiner le projet de loi sur l'abolition du *droit d'aubaine*, M. le duc de Clermont-Tonnerre en fut nommé rapporteur. Son travail fut considéré comme un traité complet sur la matière, non-seulement sous le point de vue historique qui ne laissait rien à désirer, mais encore sous le point de vue politique et moral. Il trouva dans l'opinion publique et dans la Chambre des témoignages flatteurs de l'impression que produisit la lecture de son rapport, qui concluait à l'adoption du projet de loi.

Lorsqu'en 1819, les élections, qui avaient été faites d'après le système adopté par la loi du 5 février 1817, eurent rendu évidents les embarras que M. de Clermont-Tonnerre avait signalés lors de la discussion de cette loi, M. Barthélemy, se faisant l'organe des royalistes de toutes les nuances, fit une proposition tendant à obtenir son abrogation. M. de Clermont-Tonnerre appuya de toutes les ressources de son talent et de sa haute raison ce projet, qu'il regardait comme indispensable au maintien de la monarchie. La Chambre des pairs adopta la proposition de M. Barthélemy, mais elle fut rejetée à la Chambre des députés, malgré les efforts de M. Lainé, qui lutta vainement contre ses collègues, lesquels, en avouant les vices dont la loi de 1817 était entachée, s'obstinaient cependant à la maintenir.

La même année, M. de Clermont-Tonnerre prit la parole pour appuyer un projet de loi tendant à restreindre la liberté de la presse. Il signalait les dangers de ces *doctrines prétendues libérales*, professées par des hommes qui veulent renverser les gouvernements existants, et qui, après la victoire, étouffent cette liberté qu'ils ont tant réclamée, et il faisait observer que le seul gouvernement que la liberté de la presse n'eût pas renversé était le gouvernement impérial, sous lequel elle n'existait pas.

La conspiration du 19 août 1821, fournit à M. de Clermont-Tonnerre de grandes et solennelles occasions de signaler son amour de la justice et son respect des lois établies. Il attaqua, avec toute l'énergie dont il était capable, cette doctrine étrange qui consistait à faire déclarer que les trois huitièmes des pairs formeraient la majorité, lorsque la Chambre serait constituée en jury, et de faire décider ensuite, à la même majorité, que ses jugements étant irréformables, elle avait le droit de fixer les peines sans s'arrêter aux prescriptions de la loi. Malgré ses efforts, cinquante-six voix sur cent dix-neuf adoptèrent la proposition, et l'omnipotence de la Chambre se trouva ainsi consommée ; plus tard, lorsqu'il fut question de la rédaction de l'arrêt, M. de Clermont-Tonnerre reparut à la tribune pour déclarer que le jugement serait nul, puisque le président ne pourrait pas lire au condamné le texte de la loi qui prononcerait la peine infligée ; il démontra que la majorité de cinquante-six voix sur cent dix-neuf, en prononçant l'omnipotence de la Chambre, lui faisait décider le contraire de ce qu'elle déciderait, s'il s'agissait de faire une loi, et termina en signalant les difficultés et les embarras que nécessiteraient au Gouvernement, l'exécution de l'arrêt.

Le rôle actif, intelligent, ferme et modéré que M. de Clermont-Tonnerre jouait à la Chambre haute, attira l'attention de Louis XVIII, qui, en 1822, lui confia le portefeuille de la Marine. A peine constitué, le nouveau ministère dut mettre en délibération la liberté de la presse, réclamée par tous les partis. Seul dans le conseil, M. de Clermont-Tonnerre, dont les craintes ont été réalisées en 1830, s'opposa à cette mesure qu'il ne trouvait ni dans l'esprit, ni dans la lettre de la Charte, et qui, considérée en elle-même, lui paraissait infiniment dangereuse.

Ministre de la marine, M. de Clermont-Tonnerre se fit un devoir de bien étudier toutes les parties de cette vaste administration ; il se fit donner des documents exacts sur la situation des arsenaux, des ports, des établissements de la marine, sur leurs besoins et leurs ressources. On lui doit entre autres choses, le rétablissement des équipages de ligne, l'application du recrutement légal à leur composition, sans préjudice de l'inscription maritime, la formation d'escadres d'évolution, l'armement de corvettes d'instruction, l'amélioration de la ration des matelots, l'admission des élèves de l'école polytechnique, dans le corps des officiers de marine, le titre de corps royal donné à la marine, avec tous les avantages qui y étaient attachés, le rétablissement des aumôniers à bord des bâtiments de guerre, et celui du corps des ouvriers militaires. Il porta surtout une attention constante sur les établissements des ports, les colonies, leur régime, les travaux nécessaires à leur défense. Sous son ministère, la marine eut sa part de gloire dans l'expédition d'Espagne, en 1823, en s'emparant du fort de Santi-Petri, de l'Ile-Verte, et en bombardant Cadix ; c'est lui qui ordonna les voyages de circumnavigation de la *Coquille*, par les lieutenants de vaisseau Duperry et Dumont-d'Urville, et de la *Thetis*, par le capitaine Bougainville. Nous pourrions citer encore bon nombre d'innovations utiles, d'améliorations importantes, que M. de Clermont-Tonnerre introduisit dans son administration ; nous ajouterons que dans tous ces actes, dont certains durent nécessairement froisser des susceptibilités, engendrer des jalousies, l'esprit de justice du ministre était si bien connu, que lorsque, en 1824, il quitta le département de la marine pour prendre la direction de celui de la guerre, il emporta avec lui les regrets de ses nombreux subordonnés.

En prenant possession du portefeuille de la Guerre, M. de Clermont-Tonnerre s'entoura de toutes les lumières qu'il trouva dans ce département ; il recueillit les renseignements les plus précis sur toutes les parties de son administration, et put ainsi présenter aux Chambres des rapports complets et exacts, sur les ressources et les besoins de son département. Ses rapports, exposé lumineux de toutes les parties d'un vaste ensemble, étaient à juste titre considérés comme des traités sur la matière.

Le premier acte de son nouveau ministère fut pénible à M. de Clermont-Tonnerre ; les Chambres demandaient, depuis longtemps, la rentrée dans les chiffres du cadre, fixé pour le pied de paix, par le maréchal Gouvion Saint-Cyr, et cette mesure exigeait la mise en retraite de 240 officiers-généraux. Pour atténuer, autant que possible, la rigueur de cette détermination, le ministre proposa au Roi de porter à 150 au lieu de 130, le chiffre du cadre régulier pour les lieutenants-généraux, et à 300 au lieu de 260, celui des maréchaux-de-camp ; de cette manière, on put rentrer dans le cadre fixé, en ne désignant pour la retraite, que 150 officiers-généraux ; ceux-ci furent pris parmi ceux qui avaient acquis ou qui étaient près d'acquérir le maximum, et M. de Clermont-Tonnerre demanda encore pour eux des pensions de l'ordre de Saint-Louis, à mesure qu'il y en aurait de vacantes. Le nouveau ministre s'occupa bientôt de l'organisation générale de l'armée, en fixant la proportion de chaque arme, d'après l'expérience acquise dans nos longues campagnes, et de manière à réunir le plus d'avantages à la guerre ; il fit ensuite décider par le Roi, qu'aucun changement ne pourrait être introduit dans les uniformes sans l'autorisation de la couronne, tandis qu'avant lui, cet objet était abandonné au caprice du ministre.

M. de Clermont-Tonnerre, qui pensait que le temps de paix doit être mis à profit pour l'instruction des troupes en cas de guerre, donna du développement au camp de cavalerie qui avait été formé à Lunéville, sous le ministère du baron de Damas, et en forma un à Saint-Omer pour l'infanterie, où tous les régiments de cette arme pouvaient venir s'exercer tour-à-tour. Il rétablit à Saumur l'école de cavalerie, qui, depuis la conspiration de Berton, avait été transférée à Versailles, et confia à une commission d'officiers-généraux choisis parmi les plus capables, la préparation du projet d'organisation de cette école qui, avec le camp de Lunéville, devait donner à toute la cavalerie un ensemble et une uniformité d'instruction infiniment utiles à la guerre.

C'est à l'aide des commissions spéciales auxquelles il soumettait toutes les questions relatives à son administration et à l'armée, qu'il révisa complètement les ordonnances concernant les manœuvres pour la cavalerie et pour l'infanterie, qu'il a régularisé l'habillement de chaque arme, qu'il a donné au corps d'état-major, créé par le maréchal Saint-Cyr, une organisation plus complète, qu'il a fait faire des recherches sur la matière des bouches à feu, leurs formes, leurs dimensions, qu'il a rendu facile l'emploi du fusil à percussion, qu'il a amélioré la race des chevaux propres à la guerre, qu'il a pu enfin prendre un grand nombre de mesures pour améliorer le sort des soldats et ajouter à l'aisance des officiers. Par la confiance qu'il inspirait à l'armée, il obtint qu'un grand nombre de registres de masses secrètes ou masses d'économie lui fussent remis, et dès-lors connaissant mieux les besoins, il put y pourvoir plus efficacement, de même connaissant les ressources, il prit des mesures pour que rien ne se passât que l'administration ne pût savoir et approuver. Afin que son administration fût à l'abri de tout soupçon, il

substitua aux marchés qui se traitaient au ministère, la publicité et la concurrence. Il obtint, par ce moyen, un rabais de
24 pour cent sur les draps (1,800,000 fr.) avec une amélioration
dans les qualités; un de 26 pour cent sur le marché des transports; une économie de 800,000 fr. sur le chauffage, et une de
530,000 fr. sur la fourniture des lits. C'est avec ces bénéfices, que
M. de Clermont-Tonnerre a pu établir des camps d'instruction,
fonder sur un plan plus vaste, l'école de Saumur, améliorer le
sort des officiers et des soldats, assurer une dotation de 500,000 f.
à l'ordre de Saint-Louis, porter de 250,000 à 750,000 fr., les secours destinés aux anciens soldats des armées de l'Ouest, former
un magasin de réserve pour l'habillement et accroître les richesses de nos arsenaux. Afin d'établir de la régularité et de l'ensemble dans la comptabilité et l'administration, il créa des inspections administratives faites par les intendants, et les résultats de ces inspections ont été bientôt profitables. Il acheta d'un
anglais le moyen de diriger les fusées à la congrève, et de Perkins, la connaissance de la force motrice de son célèbre fusil,
dont l'application ne fut néanmoins pas jugée utile. Il fit rentrer
dans les règles de la comptabilité générale, l'Hôtel des Invalides,
et y opéra d'importantes économies, sans porter atteinte à son
indépendance.

Un des actes les plus importants du ministère de M. de Clermont-Tonnerre, fut la présentation du code militaire, qu'il défendit à la Chambre des pairs, et qui fut adopté sauf quelques modifications; il changea aussi le matériel d'artillerie, après de
nombreuses et décisives expériences confiées aux officiers généraux les plus expérimentés, afin de rendre à l'artillerie le
rang supérieur qu'elle avait toujours occupé sur celle des
nations étrangères. Tels ont été, entre les divers actes qui ont
signalé le ministère de M. de Clermont-Tonnerre, ceux qui ont

eu les plus heureux résultats, et ceux dont l'influence a été la plus favorable à l'armée et à l'administration. Nous pouvons ajouter que bien qu'il eût réduit presque de moitié, le personnel de l'administration centrale, aucune réclamation ne parvint au ministère pour une affaire négligée, pendant les trois ans et demi qu'il a conservé le portefeuille de la guerre.

Quoique dans le cours de ses ministères, M. de Clermont-Tonnerre ait borné, en général, ses luttes parlementaires à la défense des intérêts confiés à son administration, il a pris néanmoins la parole dans des questions graves, et notamment, lors de la discussion de la loi sur la conversion des rentes. Ce fut en vain, néanmoins, qu'il démontra l'immense développement de richesses, de propriété et de puissance, qui découlerait pour la France de l'adoption de cette loi; elle fut repoussée par la coalition des grands possesseurs de rentes et des adversaires politiques du ministère, bien qu'elle eût été adoptée par la Chambre des députés. Il combattit également de toutes ses forces, dans le conseil, le projet de loi tendant à l'abolition du renouvellement partiel de la Chambre des députés, et au maintien inclusif du renouvellement intégral avec la septennalité; il s'attacha à montrer qu'on fortifiait un obstacle en croyant affermir un point d'appui.

Cependant les journaux de l'opposition abusant de la liberté qui leur avait été octroyée, étaient arrivés aux dernières limites de la violence; une loi devenait indispensable pour arrêter un état de choses qui ébranlait, non-seulement le ministère, mais le trône lui-même. Cette loi, après avoir été modifiée à la Chambre des députés, était menacée de l'être encore à la Chambre des pairs, et, pour éviter un échec, le ministère crut devoir la retirer; la malveillance s'en empara pour envenimer les esprits, et une revue de la garde nationale ayant eu lieu,

Charles X fut accueilli par des cris inconvenants et séditieux.
Dès-lors fut agitée, dans le Conseil, la question du licenciement
de la garde nationale ; M. de Clermont-Tonnerre proposait de
casser seulement les trois légions qui avaient paru les plus exaltées. Cet avis ne fut pas goûté, et la garde nationale de Paris
fut dissoute. Cet acte impolitique eut une immense influence sur
la révolution de 1830. L'opposition devenait de jour en jour plus
puissante et plus menaçante ; la Chambre des députés, en plus
d'une circonstance, avait manifesté une tendance hostile au
Gouvernement. On agita, au Conseil, sa dissolution ; M. de
Clermont-Tonnerre, qui connaissait la fermentation des esprits,
la repoussa de toutes ses forces, prévoyant bien qu'elle amènerait quelque grande perturbation ; c'est dans ce même conseil
qu'il proposa au Roi de faire l'expédition contre Alger. Il indiquait, dans un rapport fort lumineux, les causes qui jusqu'alors
avaient fait échouer toutes les tentatives dirigées contre Alger,
et donnait les indications les plus propres à assurer le succès de
l'expédition ; il insistait surtout pour qu'elle se fît promptement,
bien convaincu que le Gouvernement aurait pu, avec de grandes
chances de succès, demander à la France de nouveaux députés
en lui présentant une grande et glorieuse conquête. Ces sages
avis ne furent pas écoutés, et la Chambre des députés fut dissoute ; on peut croire que si l'expédition contre Alger eût été
entreprise à l'époque où M. de Clermont-Tonnerre la conseillait, elle eût changé les destinées du pays.

On sait que la dissolution de la Chambre et les élections qui la
suivirent eurent pour résultat de troubler la tranquillité publique. Des rassemblements se formèrent dans la rue Saint-
Denis, des barricades furent élevées ; M. de Clermont-Tonnerre,
en qualité de ministre de la guerre, fut chargé de la répression
de ces désordres ; dans les trois jours que dura l'émeute, grâce

aux mesures de prudence prescrites par M. de Clermont-Tonnerre, sept insurgés seulement furent tués, ce qui n'a pas empêché de donner à cela le nom de *massacres* de la rue Saint-Denis, par les auteurs de la sanglante répression de la rue Transnonain, de Saint-Merry et de Lyon !

En présence de circonstances dont la gravité augmentait chaque jour, aux approches de l'ouverture de la nouvelle Chambre des députés où le ministère ne voyait qu'une majorité douteuse, le Cabinet songea à la retraite. M. de Clermont-Tonnerre, plein de dévouement pour la monarchie qui, selon lui, était exposée par la retraite des ministres, proposa de faire tête à l'orage. Mais, le Roi adopta l'avis contraire ; dès ce moment, M. de Clermont-Tonnerre rentra dans la vie privée, emportant l'estime et la considération de tous ceux qui avaient été à même de juger et d'apprécier sa conduite politique. Il laissa le ministère de la guerre dans l'état le plus satisfaisant ; aussi, lorsque son successeur présenta les comptes de son administration, les commissions des deux Chambres rendirent, à M. de Clermont-Tonnerre, une éclatante justice.

Retiré dans ses terres, venant peu à la cour, M. de Clermont-Tonnerre voyait s'amonceler sur le trône de France l'orage qu'il avait fait d'inutiles efforts pour conjurer. La révolution de Juillet vint réaliser ses tristes pressentiments. Fidèle à ses convictions, il n'a pas cru pouvoir prêter serment au Gouvernement nouveau. Il n'a pas même accepté la retraite qui lui a été offerte, et qui lui était acquise par de nombreux et glorieux services. Il a mieux aimé vivre dans une complète indépendance, et nul n'a le droit de l'en blâmer.

Nous venons d'esquisser la carrière politique et par conséquent publique de M. le duc de Clermont-Tonnerre. Quant à sa vie privée, qu'il partage entre la pratique de toutes les vertus

et les joies pures de la famille, près d'une épouse adorée, modèle de toutes les perfections, et d'enfants en tout dignes de lui,
elle lui appartient en entier, et nous craindrions de blesser sa
modestie, en soulevant un coin du voile qui nous cache cette
vie si chrétienne et si noble. Toutefois, comme M. le duc de
Clermont-Tonnerre, a tout récemment écrit une notice biographique sur M. le marquis de Dampierre, que Dieu vient de rappeler à lui, nous emprunterons à cette notice, aussi noblement
pensée qu'élégamment écrite, quelques citations qui s'appli-
quent parfaitement à M. le duc de Clermont-Tonnerre, heureux
que nous sommes de pouvoir ainsi compléter son portrait.
Nous citons :

« Dieu, dans sa bonté, ne se borne pas à susciter, par intervalles, des hommes qui,
réunissant à la puissance du génie celle de la science et de la vertu, confondent les
propagateurs de l'impiété, et portent d'une main hardie le flambeau de la vérité et de
la foi, arrachent à l'espoir de l'incrédulité ceux qui semblaient devoir être ses plus
fermes défenseurs; mais il choisit quelquefois, au milieu des sociétés les plus abusées
par les séductions de l'erreur, des hommes qu'il se complaît à orner de tous les dons
qui rendent la vertu aimable, les destine dès leur enfance à servir comme de modèle
et d'exemple, et, les prenant en quelque sorte par la main, les conduit dans la voie de
ses élus, sans qu'ils s'en écartent jamais. »

« Tout ce qui est bon, noble, grand, tout ce qui peut inspirer la vertu la plus douce
et la plus pure, semblait découler de son âme, comme d'une source intarissable. Le
bien était son élément et sa vie.... Chaque homme a reçu de Dieu une mission d'où
dépend le sort de son éternité, celle du marquis de Dampierre fut d'être l'édification
de tous ceux qui le connaîtraient; de les éclairer par ses conseils; de les soutenir par
son exemple; d'être le bienfaiteur du pauvre, le protecteur de l'opprimé, le modèle
des heureux et des riches; et il l'a remplie avec une si évidente fidélité, qu'on peut
dire qu'il a été toute sa vie loyal envers Dieu comme envers les hommes. Parmi ses
nombreux amis, et parmi ses amis, il faut compter les pauvres, on n'en rencontrerait
pas un auquel il n'ait fait quelque bien ou rendu quelque service. Sa bienveillance
s'étendait à tous ceux qui avaient le bonheur de le connaître. »

« La piété, telle que la donne une foi vive, éclairée, sincère, unie à l'amour de Dieu et de ses semblables, était le caractère distinctif de son âme ; elle dominait toutes ses actions, réglait toutes ses paroles, animait toutes ses pensées ; elle était à la fois, la source et la garantie de sa vertu. »

. . . .

Sa piété n'était sévère que pour lui, pour les autres, elle était douce et indulgente. Au lieu de décourager, elle soutenait ; au lieu de repousser, elle attirait ; elle était, pour ainsi dire, une exhortation vivante. On y voyait, avec un sentiment d'affection mêlé de respect, la cause de sa bienveillance, de sa générosité, de sa modestie, de son dévouement pour les autres, de son zèle infatigable à faire pour ses amis, ce qu'il eût été loin de demander pour lui-même. La pensée de son salut était la seule pensée personnelle qui fût entrée dans son âme. La loi de Dieu était gravée dans son cœur, comme sur une table d'airain. »

. . .   . . . , ...

« Placé par sa fortune au nombre des heureux du siècle, il ne s'effrayait pas de cette terrible parole : *Malheur à vous, riches,* parce qu'il avait su comprendre le véritable sens de cet avertissement. Les richesses sont un obstacle pour la vertu ; mais une vertu vraiment chrétienne sait convertir cet obstacle en un instrument de salut. »

. . . .

« Aux qualités qui font les bons cœurs, aux vertus qui caractérisent les belles âmes, le marquis de Dampierre réunissait le rare avantage de présenter dans ses traits et dans l'ensemble de sa personne l'empreinte des dons heureux qu'il avait reçus de la Providence.... Ses traits, nobles et réguliers, la douceur de son regard, la grâce de son sourire, son abord plein de franchise, ses manières affables et bienveillantes, tout en lui faisait naître le désir de lui inspirer un sentiment d'affection que l'on éprouvait soi-même aussitôt qu'on l'approchait. On l'aimait, pour ainsi dire, à la première vue ; et quand on l'avait aimé une fois, on l'aimait toute sa vie. »

. . . .

« ..... Fidèle à ses amis comme à son Roi, à son Roi comme à son Dieu, les dissidences d'opinion, même les plus fortes, ne l'empêchaient pas de conserver son amitié à ceux qu'il en avait une fois jugés dignes. Il savait que trop souvent on rend ennemis ceux qu'on regarde comme tels ; et la droiture de son jugement lui avait fait reconnaître qu'on peut ramener au bien ceux dont l'erreur est sincère. Oublieux de ses intérêts, toujours occupé de ceux des autres, et convaincu que la vie n'a de valeur que par le bien que l'on fait ; jamais son oreille ne fut fermée aux plaintes du pauvre, ni sa bourse aux besoins des malheureux. Toujours prêt à se dévouer pour ses amis ; il aurait fait du bien à ses ennemis, s'il avait pu en avoir. Personne ne sollicitait en vain son assistance ; et, plus d'une fois, il se montra généreux jusqu'à avoir sujet de s'en repentir. Quel zèle pour ses amis ! quel empressement à soulager ceux qui souffraient ! Quiconque était malheureux, devenait, par cela seul, un des élus de son cœur. Sa charité était affectueuse : il ne disait pas à celui qui lui demandait de le secourir : « Revenez demain, » il donnait à l'instant même ; il ne se préoccupait pas de la recounaissance ; il ne s'irritait pas de l'ingratitude des hommes ; il savait que les bonnes œuvres, quand elles sont faites en vue de Dieu, prient en quelque sorte, et prient bien haut pour celui qui les accomplit comme un devoir ; et, satisfait d'avoir rempli le précepte de l'Evangile, il était reconnaissant lui-même envers ceux auxquels il faisait du bien, de ce qu'ils lui avaient procuré l'occasion de se rendre agréable à Dieu. »

Après ces citations prises entre beaucoup d'autres dont nos lecteurs eussent pu faire l'application à M. le duc de Clermont-Tonnerre, il ne nous reste plus qu'à nous écrier : O vie digne d'estime, de respect et de vénération !

MAISON DE CLERMONT-TONNERRE.

Imprimerie de DELACOUR et MARCHAND frères, rue de Sèvres, 91, à Vaugirard.
Maison à Paris, rue Saint-Jacques, 80.

CLERMONT-TONNERRE (MAISON DE).

Etiamsi omnes te negaverint, ego non te negabo.

Cette devise, qui accompagnait les deux clés en sautoir que le pape Calixte II avait permis de prendre à Sibaut II, de la maison de CLERMONT, en récompense des services qu'il lui avait rendus, a toujours été, pour cette illustre famille, une règle invariable de conduite, non-seulement en ce qui concerne l'église, mais encore pour les principes de morale, d'ordre, de stabilité, de légitimité, de fidélité.

La maison de CLERMONT-TONNERRE, qui tire son nom de la réunion des deux familles de CLERMONT et de TONNERRE, est une des plus anciennes et des plus illustres de France. Son ancienneté est historiquement constatée depuis le VIIe siècle, et quant à son illustration, elle lui est acquise à tous les titres, par la grandeur de ses alliances, par le mérite et la considération de ses membres, par les grands emplois, les grades élevés, les dignités et les honneurs dont ils ont été revêtus, par les nombreux et loyaux services qu'ils ont rendus dans tous les temps, par les vertus éminentes qui, dans cette maison. sont héréditaires comme la fidélité, l'honneur et le courage, et enfin, ce qui n'est pas à nos yeux, malgré l'esprit du siècle, le moins beau fleuron de leur couronne, par plusieurs personnages qui dans l'une et l'autre famille ont mérité les honneurs si rares de la sainteté.

Parmi les alliances de la maison de Clermont-Tonnerre, on distingue celles qui ont eu lieu avec les maisons souveraines de Sicile (1), de Franconie, de Bourgogne, de Savoie, de la Marck, de Bouillon ; avec celles de Virieu, de Valentinois, de Beauvilliers, de Seyssel, d'Ancézune, de Polignac, de Poitiers, de la Tour-du-Pin, de Sassenage, de Crussol, de Saint-Vallier, d'Escars, de Montmorency, de la Rochefoucault, de Créqui, etc.

Elle a donné des supérieurs et des supérieures de monastères, des évêques, des archevêques, des cardinaux, des légats pontificaux, des conseillers du roi, des gouverneurs de provinces, des grands maîtres de Malte, des mestres-de-camp-généraux de cavalerie, des lieutenants-généraux, des maréchaux de France.

Les saints dans la maison de TONNERRE sont :

I. Saint Guerri ou Géric (*Gericus*) qui, après avoir été abbé du monastère de Saint-Pierre-le-Vif, ordre de Saint-Benoît, fut archevêque de Sens et mourut en 708.

II. Saint Ebbon, neveu du précédent, comme lui, religieux du même ordre et, comme lui, élevé au même siége archiépiscopal ; il mourut en 750.

---

(1) Catherine de Clermont épousa Ladislas, roi de Naples, de Sicile et de Jérusalem ; Isabeau, fille de Tristan de Clermont et de Catherine des Ursins, épousa Ferdinand d'Aragon, roi de Naples ; Alphonse II, successeur de Ferdinand, et Frédéric son frère, furent les fruits de ce mariage.

III et IV. Les saintes Ingoare et Léoterie, religieuses béné-
dictines, sœurs d'Ebbon ; elles moururent, l'une en 750, et
l'autre en 755.

V et VI. Saint Honulphe et saint Honobert son fils ; tous deux
occupèrent successivement le siége archiépiscopal de Sens ; ils
moururent, le premier en 756, le second en 761.

VII. Saint Thierry, religieux du monastère de Saint-Pierre-
le-Vif ; il fut évêque d'Orléans, et mourut au château de Tonnerre, l'an 1045.

VIII. Saint Robert, fils de Guillaume, comte de Tonnerre ; il
fut abbé de Saint-Michel de Tonnerre, et fonda l'ordre de
Citeaux ; il est mort en 1108.

Dans la maison de Clermont, on trouve :

I. Saint Amédée Ier, fils de Sibaud Ier, comte de Clermont,
qui se retira à l'abbaye de Bonnevaux avec seize gentilshommes
de ses vassaux, et y mourut en 1110.

II. Saint Amédée II, fils du précédent, qui fut évêque et
prince de Lausanne, chancelier de l'empereur Frédéric Ier,
tuteur du comte de Savoie, et régent de ses Etats en 1150.

III. Saint Guillaume, archevêque de Bourges, qui mourut
en 1209.

Notre intention n'est pas de donner toute la généalogie de la maison de CLERMONT-TONNERRE, nous nous bornerons à rappeler les principaux personnages qui, aux différentes époques de notre histoire, ont soutenu l'éclat d'un des plus beaux noms de la noblesse de France.

Nous voyons, vers l'an 1000, Sibaut ou Siboud, premier du nom, baron de Clermont, seigneur héréditaire de Saint-Geoire, Chatte, etc., épouser Adélaïs d'Albon, petite-fille de l'empereur Henri III, par Maisinde, sa mère, et leur fils, Sibaut II, à la tête d'une armée composée en grande partie de ses vassaux, chasser de Rome, l'Anti-Pape Maurice Bourdin, et replacer sur le trône pontifical Calixte II, élu pape, à Vienne, l'an 1119. C'est en récompense de cet éminent service, que le pape lui permit de porter dans ses armes, *deux clés posées en sautoir sur un champ de gueules surmontées de la thiare papale*, avec cette devise : *Etiamsi omnes te negaverint, ego non te negabo* (1).

Dans le XIVe siècle, Aynard II, fils de Godefroy Ier et de Béatrix de Savoie, se distingue comme homme de guerre et comme politique; l'influence de sa Maison est telle, que les comtes de Savoie et les Dauphins briguent son alliance; Humbert II le nomme capitaine-général des armées delphinales, et grand sénéchal de sa maison. A la fin du siècle suivant, Philibert de Clermont-Montoison est appelé, par la confiance de Charles VII, à faire, auprès de sa personne, la guerre d'Italie. Émule et compagnon d'armes de Bayard, il fait avec lui la conquête du royaume de Naples, et se couvre de gloire à la fameuse bataille de Fornoue. Au moment où l'armée française plie sous

---

(1) Les aînés ajoutent, ou peuvent ajouter à ces armes, pour cimier, une figure de saint Pierre portant les clés, et en outre les anciens étendards de la province du Dauphiné, depuis la concession qu'en fit Humbert, dernier dauphin de Viennois, à Aynard II.

le nombre des confédérés qui tentent un effort décisif, le roi voyant sa défaite imminente, s'écrie : *A la recousse, Montoison !* Cet appel, fait à l'un des plus braves chevaliers de l'armée, ranime la confiance ; l'avant-garde commandée par Philibert de Clermont se précipite sur l'ennemi, et ouvre ainsi un passage à l'armée devenue victorieuse.

Le XVIe siècle ajoute encore à l'éclat de la maison de Clermont, par les services que rendent à la monarchie plusieurs de ses membres ; ainsi nous trouvons à la bataille de Marignan, Antoine, deuxième du nom, qui avait épousé, en 1516, Anne de Poitiers ; il se fait remarquer par son courage, à cette mémorable journée, ainsi que son oncle, Bernardin, vicomte de Tallart, qui avait épousé en 1496, Anne de Husson, fille d'Henri, comte de Tonnerre, et d'Antoinette de la Trémoïlle ; Antoine, troisième du nom, prend une part honorable à la défense de Mézières, où il s'est enfermé avec Bayard, et fait avec distinction la campagne de 1525 ; il est fait prisonnier à Pavie. Julien, son frère, est la tige des Clermont-Thoury ; Laurent est tué à la bataille de Cérisolles ; Louise, leur sœur, reçoit en partage le comté de Tonnerre, qu'elle lègue à son petit-neveu Charles-Henri de Clermont, qui le premier joint le nom de Tonnerre à celui de Clermont ; elle meurt à l'âge de quatre-vingt-douze ans, n'ayant eu d'enfant ni de son premier mariage avec François du Bellay, ni de son second avec Antoine de Crussol.

Claude et Henri, fils d'Antoine, se distinguent par de beaux faits d'armes ; le premier est tué à la bataille de Moncontour en 1569. N'oublions pas une femme remarquable par les grâces de son esprit et son instruction profonde, Claude-Catherine de la branche de Clermont-Mont-Saint-Jean, duchesse de Retz, par son mariage avec Albert de Gondy. Lorsque les ambassadeurs de Pologne vinrent offrir la couronne au duc d'Anjou, ils s'exprimèrent en latin; ni le roi, ni aucun seigneur de la cour ne put y répondre; la duchesse de Retz seule fut en état de le faire, et elle s'en acquitta avec autant de grâce que de modestie.

Henri, comte de Clermont, est nommé duc et pair de France, en récompense de ses grands et loyaux services; il est tué au siége de La Rochelle, sans avoir eu le temps de faire enregistrer ses brevets, et la dignité de premier pair laïque du royaume s'éteint avec lui; enfin, Charles-Henri, comte de Clermont et de Tonnerre, fils de Henri et de Diane de La Marck, acquiert la confiance de Henri IV par ses exploits et son dévouement, tandis que Aimar de Clermont-Chatte, grand-maître de l'ordre de Saint-Lazare et maréchal de celui de Saint-Jean-de-Jérusalem, ouvre au roi les portes de Dieppe, et dégage l'armée du maréchal de Biron.

Le beau siècle de Louis XIV compte, parmi les personnages qui l'illustrèrent, plusieurs membres de la maison de Clermont. François, fils aîné de Charles-Henri, fut un vaillant et habile capitaine; il eut l'honneur de recevoir le roi dans son château d'Ancy-le-Franc; Roger, son second frère, fut la tige de la branche de Cruzi devenue ducale; un autre frère mourut sous les murs de Jonvelle en Franche-Comté, et leur sœur, Magdeleine de Clermont, supérieure de Saint-Paul-les-Beauvais, se rendit recommandable par ses vertus et sa piété. Sa nièce, qui porte aussi le nom de Magdeleine, lui succède dans cette dignité et dans sa pieuse renommée. Jacques, second fils de François et de Marie Viguier, commença ses exploits dès l'âge de quinze ans; son frère aîné, Charles-Henri, fut blessé mortellement à la Bassée; François, troisième fils de Jacques, entra dans l'état ecclésiastique, occupa le siége de Noyon, et devint membre de l'Académie française, où il fonda le prix de poésie française;

Charles de Clermont-Chatte, seigneur de Gessains, fut élevé, en 1660, à la dignité de grand-maître de Malte ; enfin, le marquis Gaspard de Clermont-Tonnerre, à qui Louis XIV dit, en lui donnant le régiment de Gèvres : « Monsieur de Clermont-Tonnerre, je ne donne jamais de régiment à votre âge (il n'avait que vingt-deux ans), mais j'en donne à la manière dont vous m'avez servi, » commença la longue série de ses services militaires au siége de Kehl, en 1703 ; il fut successivement nommé colonel en 1709, brigadier en 1716, maréchal-de-camp en 1731, lieutenant-général en 1734, mestre-de-camp de cavalerie en 1736 et maréchal de France en 1747. Il se distingua à la prise de Prague, au combat de Sahay, à la défense de l'Alsace, aux siéges de Fribourg, de Courtray, de Tournay, de Bruxelles, d'Oudenarde et à la fameuse bataille de Fontenoy, où il commandait la gauche de l'armée française ; il se couvrit de gloire à Rocoux et à Lawfeld surtout dont il décida le succès par le puissant appui qu'il donna à l'infanterie, en restant exposé pendant quatre heures avec ses escadrons au feu de quarante canons. Cette dernière affaire lui valut les éloges les plus flatteurs de Louis XV, qui lui donna en récompense le baton de maréchal.

La Maison de Clermont-Tonnerre a figuré avec éclat à la fin du XVIIIe siècle ; mais ni les vertus privées, ni le mérite rare, ni les services rendus n'ont pu la sauver des cruautés de la révolution. Jules-Charles-Henri, lieutenant-général, après avoir partagé la gloire du marquis Gaspard de Clermont-Tonnerre, son père, à Fontenoy, à Rocoux, à Lawfeld, périt sous la hache révolutionnaire, deux jours avant la chûte de Robespierre ; son fils aîné fut fusillé après le siége de Lyon (octobre 1793) ; le second, après avoir été évêque de Châlons (1782), devint cardinal et archevêque de Toulouse sous la restauration (1822) ; le troisième émigra et suivit jusqu'au dernier jour, la fortune de l'armée de Condé ; il mourut en 1842, lieutenant-général, grand-croix de l'ordre de Saint-Louis et commandeur de Saint-Lazare. Le petit-fils du maréchal, le comte Stanislas de Clermont-Tonnerre, colonel avant 1789, député de son ordre aux États-Généraux, et ensuite membre de l'Assemblée nationale, avait senti la nécessité de quelques réformes, et les avait formulées dans les cahiers de la noblesse du bailliage de Meaux. Partisan d'une sage liberté autant que des principes monarchiques, il y resta toujours fidèle, et les défendit avec courage et talent jusqu'à sa mort. Après l'arrestation de Louis XVI, à Varennes (22 juin 1791), il protesta énergiquement contre les persécutions auxquelles ce prince fut en butte ; ce noble courage fut pour lui un arrêt de mort, il fut, en effet, massacré le 10 août 1792.

M. le duc de Clermont-Tonnerre (Aimé-Marie-Gaspard), chef actuel de la branche aînée de sa maison, est né à Paris le 27 novembre 1779. Après avoir fait de bonnes études, il entra à l'école polytechnique, où il eut des succès brillants ; à sa sortie de l'école d'artillerie de Châlons, il fut envoyé à Metz pour y remplir les fonctions d'adjoint au professeur de fortifications, à l'école d'artillerie et de génie réunis. Nommé, un an après, chef d'études à l'école polytechnique, et désigné en même temps pour faire partie du 5ᵉ régiment d'artillerie à cheval, il rejoignit sa compagnie à Dunkerque ; elle faisait partie de l'armée qui se formait sur les Côtes. Aide-de-camp du général Mathieu Dumas, il fit la belle campagne de 1805, qui se termina par la victoire d'Austerlitz ; l'année suivante, il se distingua au siége de Gaëte ; et, sur la demande de Masséna, Napoléon lui accorda en récompense le grade de capitaine et la croix de la Légion-d'Honneur. Il revint ensuite à Naples, où le roi Joseph le chargea de l'organisation de l'artillerie à cheval de la garde. Compris bientôt parmi les officiers qui devaient composer la maison militaire de Joseph, ce fut en vain qu'il réclama contre le décret de l'Empereur qui l'enlevait du service de France. Joseph le nomma chef d'escadron en 1807, et l'année suivante, lorsqu'il passa au trône d'Espagne, il le prit pour aide-de-camp, après lui avoir accordé le brevet de colonel. Il lui confia plusieurs missions, et le chargea de l'organisation du régiment royal-Irlandais, qui, par son instruction, sa tenue et sa discipline, mérita d'être comparé aux plus beaux régiments français. En 1811, envoyé près l'Empereur, il épousa Madame Mélanie de Carvoisin d'Achy, et quitta le service d'Espagne. Chargé, en 1813, de l'organisation des gardes nationales du département de l'Eure, il s'en acquitta, malgré les difficultés des circonstances, de manière à mériter, de la part des populations, l'estime et la considération que les années n'ont pu affaiblir.

Après l'abdication de Fontainebleau, M. de Clermont-Tonnerre se retrouva, avec bonheur, sous le gouvernement de Louis XVIII, qui le nomma lieutenant des mousquetaires gris (grade correspondant à celui de colonel), chevalier de Saint-Louis, et officier de la Légion-d'Honneur ; l'année suivante, il fut fait maréchal-decamp et commandeur de la Légion-d'Honneur ; le roi le chargea de l'organisation et du commandement de la brigade des grenadiers à cheval de la garde royale, et l'éleva à la dignité de pair de France, avec le titre de marquis, qu'il a porté jusqu'en 1842, époque de la mort de son père ; depuis lors, il porte le titre de duc.

La carrière parlementaire de M. de Clermont-Tonnerre n'a pas été sans éclat. Orateur brillant, logicien serré, penseur profond, son rôle a eu d'autant plus d'influence que sa politique était toujours dégagée des questions personnelles ; les principes et les idées étaient tout pour lui. Aussi défendait-il ou appuyait-il les projets qui étaient soumis aux délibérations de la Chambre haute, lorsqu'ils lui paraissaient utiles au pays, sans s'inquiéter des auteurs de ces projets, il combattait ou repoussait également les propositions contraires aux intérêts de la France ou à la constitution. Cette tactique franche et loyale fit des adversaires politiques à M. de Clermont-Tonnerre, mais jamais d'ennemis, et dans plusieurs circonstances importantes avons-nous vu ceux qu'il avait combattus se réunir à lui ; nous citerons entre autres la proposition Barthélemy, la question d'omnipotence à la Chambre des pairs, la loi d'élection. En 1816, lors de la présentation simultanée des deux projets de loi d'élection, l'un proposé par le Gouvernement, l'autre introduit sous le titre d'amendement par la Chambre des députés, et tous deux contraires à la Charte, M. de Clermont-Tonnerre se révéla à la chambre comme digne de compter parmi ses premiers orateurs. Il s'attacha à prouver que la stabilité du Gouvernement et le salut de la France dépendaient uniquement du maintien de la Charte, et que la monarchie ne pourrait attenter à l'inviolabilité de cette loi fondamentale, sans un grand dommage pour le trône lui-même et pour le pays. Il contribua ainsi au rejet des deux propositions. L'année suivante, M. de Clermont-Tonnerre combattit de toutes ses forces le projet de loi tendant à substituer l'élection directe au système à deux degrés, et constituant ainsi l'omnipotence des électeurs à cent écus. Après avoir averti le Gouvernement des périls auxquels il s'exposait par ces changements, qu'il regardait comme une véritable révolution, il s'attacha à démontrer les avantages du système à deux degrés, même pour la sincérité et la moralité de l'élection, et finissait par prouver qu'avec l'élection par un seul vote, le droit de dissolution était désormais illusoire ; enfin, répondant à ceux qui

disaient que si la loi proposée était mauvaise on la changerait,
il disait aux ministres :

« Croyez-vous que quand vous voudrez revenir sur vos pas,
« vous trouverez toujours une Chambre dont la majorité décidera
« que pour avoir de bons députés, il faut bouleverser de fond en
« comble le système d'élection par lequel elle aura été produite?
« Non, Messieurs, vous ne le croyez pas, et vous savez au contraire
« que plus cette Chambre serait de nature à vous faire désirer
« que le mode d'élection changeât, moins elle serait disposée à
« y consentir. Mais vous faites comme Agathoclès : vous em-
« brasez vos vaisseaux sur le rivage, pour vous ôter tout espoir
« de retour. »

Malgré la force de ces arguments, la loi passa ; toutefois le
ministère n'osa pas en tenter l'application par une élection
totale.

En 1818, M. le duc de Clermont-Tonnerre appuya le projet
de loi sur le recrutement, présenté à la Chambre des pairs par
le maréchal Gouvion-Saint-Cyr. Il entra, à ce sujet, dans des
considérations savantes, et montra que les peuples les plus puissants, durent leur supériorité politique à une bonne constitution militaire. Après avoir prouvé, par l'histoire ancienne et
moderne, que la profession des armes fut toujours regardée
comme une obligation honorable, il établit, d'une manière
péremptoire, la distinction qui existe entre la conscription abolie
par la Charte et le recrutement consacré par elle ; « il y a,
« s'écriait-il, autant de différence entre les deux lois qu'entre
« l'abus et l'usage. » M. de Clermont-Tonnerre prit la parole
dans presque toutes les grandes questions qui furent traitées à
la Chambre, et si toujours ses efforts n'obtinrent pas le succès
qu'il était en droit d'en attendre, ses discours, du moins, eurent
une grande influence, et le placèrent au rang des hommes poli-

tiques les plus capables et les plus puissants ; nous citerons principalement les projets de loi sur la presse quotidienne, les élections, la conversion et la réduction des rentes, la loi de recrutement.

Membre de la commission chargée, l'année suivante, d'examiner le projet de loi sur l'abolition du *droit d'aubaine*, M. le duc de Clermont-Tonnerre en fut nommé rapporteur. Son travail fut considéré comme un traité complet sur la matière, non-seulement sous le point de vue historique qui ne laissait rien à désirer, mais encore sous le point de vue politique et moral. Il trouva dans l'opinion publique et dans la Chambre des témoignages flatteurs de l'impression que produisit la lecture de son rapport, qui concluait à l'adoption du projet de loi.

Lorsqu'en 1819, les élections, qui avaient été faites d'après le système adopté par la loi du 5 février 1817, eurent rendu évidents les embarras que M. de Clermont-Tonnerre avait signalés lors de la discussion de cette loi, M. Barthélemy, se faisant l'organe des royalistes de toutes les nuances, fit une proposition tendant à obtenir son abrogation. M. de Clermont-Tonnerre appuya de toutes les ressources de son talent et de sa haute raison ce projet, qu'il regardait comme indispensable au maintien de la monarchie. La Chambre des pairs adopta la proposition de M. Barthélemy, mais elle fut rejetée à la Chambre des députés, malgré les efforts de M. Lainé, qui lutta vainement contre ses collègues, lesquels, en avouant les vices dont la loi de 1817 était entachée, s'obstinaient cependant à la maintenir.

La même année, M. de Clermont-Tonnerre prit la parole pour appuyer un projet de loi tendant à restreindre la liberté de la presse. Il signalait les dangers de ces *doctrines prétendues libérales*, professées par des hommes qui veulent renverser les gouvernements existants, et qui, après la victoire, étouffent cette liberté qu'ils ont tant réclamée, et il faisait observer que le seul gouvernement que la liberté de la presse n'eût pas renversé était le gouvernement impérial, sous lequel elle n'existait pas.

La conspiration du 19 août 1821, fournit à M. de Clermont-Tonnerre de grandes et solennelles occasions de signaler son amour de la justice et son respect des lois établies. Il attaqua, avec toute l'énergie dont il était capable, cette doctrine étrange qui consistait à faire déclarer que les trois huitièmes des pairs formeraient la majorité, lorsque la Chambre serait constituée en jury, et de faire décider ensuite, à la même majorité, que ses jugements étant irréformables, elle avait le droit de fixer les peines sans s'arrêter aux prescriptions de la loi. Malgré ses efforts, cinquante-six voix sur cent dix-neuf adoptèrent la proposition, et l'omnipotence de la Chambre se trouva ainsi consommée ; plus tard, lorsqu'il fut question de la rédaction de l'arrêt, M. de Clermont-Tonnerre reparut à la tribune pour déclarer que le jugement serait nul, puisque le président ne pourrait pas lire au condamné le texte de la loi qui prononcerait la peine infligée ; il démontra que la majorité de cinquante-six voix sur cent dix-neuf, en prononçant l'omnipotence de la Chambre, lui faisait décider le contraire de ce qu'elle déciderait, s'il s'agissait de faire une loi, et termina en signalant les difficultés et les embarras que nécessiteraient au Gouvernement, l'exécution de l'arrêt.

Le rôle actif, intelligent, ferme et modéré que M. de Clermont-Tonnerre jouait à la Chambre haute, attira l'attention de Louis XVIII, qui, en 1822, lui confia le portefeuille de la Marine. A peine constitué, le nouveau ministère dut mettre en délibération la liberté de la presse, réclamée par tous les partis. Seul dans le conseil, M. de Clermont-Tonnerre, dont les craintes ont été réalisées en 1830, s'opposa à cette mesure qu'il ne trouvait ni dans l'esprit, ni dans la lettre de la Charte, et qui, considérée en elle-même, lui paraissait infiniment dangereuse.

Ministre de la marine, M. de Clermont-Tonnerre se fit un devoir de bien étudier toutes les parties de cette vaste administration ; il se fit donner des documents exacts sur la situation des arsenaux, des ports, des établissements de la marine, sur leurs besoins et leurs ressources. On lui doit entre autres choses, le rétablissement des équipages de ligne , l'application du recrutement légal à leur composition, sans préjudice de l'inscription maritime, la formation d'escadres d'évolution, l'armement de corvettes d'instruction, l'amélioration de la ration des matelots, l'admission des élèves de l'école polytechnique, dans le corps des officiers de marine, le titre de corps royal donné à la marine, avec tous les avantages qui y étaient attachés, le rétablissement des aumôniers à bord des bâtiments de guerre, et celui du corps des ouvriers militaires. Il porta surtout une attention constante sur les établissements des ports, les colonies, leur régime, les travaux nécessaires à leur défense. Sous son ministère, la marine eut sa part de gloire dans l'expédition d'Espagne, en 1823 , en s'emparant du fort de Santi-Petri, de l'Ile-Verte, et en bombardant Cadix ; c'est lui qui ordonna les voyages de circumnavigation de la *Coquille*, par les lieutenants de vaisseau Duperry et Dumont-d'Urville, et de la *Thetis*, par le capitaine Bougainville. Nous pourrions citer encore bon nombre d'innovations utiles, d'améliorations importantes, que M. de Clermont-Tonnerre introduisit dans son administration ; nous ajouterons que dans tous ces actes, dont certains durent nécessairement froisser des susceptibilités, engendrer des jalousies, l'esprit de justice du ministre était si bien connu, que lorsque, en 1824, il quitta le département de la marine pour prendre la direction de celui de la guerre, il emporta avec lui les regrets de ses nombreux subordonnés.

En prenant possession du portefeuille de la Guerre, M. de Clermont-Tonnerre s'entoura de toutes les lumières qu'il trouva dans ce département; il recueillit les renseignements les plus précis sur toutes les parties de son administration, et put ainsi présenter aux Chambres des rapports complets et exacts, sur les ressources et les besoins de son département. Ses rapports, exposé lumineux de toutes les parties d'un vaste ensemble, étaient à juste titre considérés comme des traités sur la matière.

Le premier acte de son nouveau ministère fut pénible à M. de Clermont-Tonnerre; les Chambres demandaient, depuis longtemps, la rentrée dans les chiffres du cadre, fixé pour le pied de paix, par le maréchal Gouvion Saint-Cyr, et cette mesure exigeait la mise en retraite de 210 officiers-généraux. Pour atténuer, autant que possible, la rigueur de cette détermination, le ministre proposa au Roi de porter à 150 au lieu de 150, le chiffre du cadre régulier pour les lieutenants-généraux, et à 300 au lieu de 260, celui des maréchaux-de-camp; de cette manière, on put rentrer dans le cadre fixé, en ne désignant pour la retraite, que 150 officiers-généraux; ceux-ci furent pris parmi ceux qui avaient acquis ou qui étaient près d'acquérir le maximum, et M. de Clermont-Tonnerre demanda encore pour eux des pensions de l'ordre de Saint-Louis, à mesure qu'il y en aurait de vacantes. Le nouveau ministre s'occupa bientôt de l'organisation générale de l'armée, en fixant la proportion de chaque arme, d'après l'expérience acquise dans nos longues campagnes, et de manière à réunir le plus d'avantages à la guerre; il fit ensuite décider par le Roi, qu'aucun changement ne pourrait être introduit dans les uniformes sans l'autorisation de la couronne, tandis qu'avant lui, cet objet était abandonné au caprice du ministre.

M. de Clermont-Tonnerre, qui pensait que le temps de paix doit être mis à profit pour l'instruction des troupes en cas de guerre, donna du développement au camp de cavalerie qui avait été formé à Lunéville, sous le ministère du baron de Damas, et en forma un à Saint-Omer pour l'infanterie, où tous les régiments de cette arme pouvaient venir s'exercer tour-à-tour. Il rétablit à Saumur l'école de cavalerie, qui, depuis la conspiration de Berton, avait été transférée à Versailles, et confia à une commission d'officiers-généraux choisis parmi les plus capables, la préparation du projet d'organisation de cette école qui, avec le camp de Lunéville, devait donner à toute la cavalerie un ensemble et une uniformité d'instruction infiniment utiles à la guerre.

C'est à l'aide des commissions spéciales auxquelles il soumettait toutes les questions relatives à son administration et à l'armée, qu'il révisa complètement les ordonnances concernant les manœuvres pour la cavalerie et pour l'infanterie, qu'il a régularisé l'habillement de chaque arme, qu'il a donné au corps d'état-major, créé par le maréchal Saint-Cyr, une organisation plus complète, qu'il a fait faire des recherches sur la matière des bouches à feu, leurs formes, leurs dimensions, qu'il a rendu facile l'emploi du fusil à percussion, qu'il a amélioré la race des chevaux propres à la guerre, qu'il a pu enfin prendre un grand nombre de mesures pour améliorer le sort des soldats et ajouter à l'aisance des officiers. Par la confiance qu'il inspirait à l'armée, il obtint qu'un grand nombre de registres de masses secrètes ou masses d'économie lui fussent remis, et dès-lors connaissant mieux les besoins, il put y pourvoir plus efficacement, de même connaissant les ressources, il prit des mesures pour que rien ne se passât que l'administration ne pût savoir et approuver. Afin que son administration fût à l'abri de tout soupçon, il substitua aux marchés qui se traitaient au ministère, la publicité et la concurrence. Il obtint, par ce moyen, un rabais de 24 pour cent sur les draps (1,800,000 fr.) avec une amélioration dans les qualités ; un de 26 pour cent sur le marché des transports ; une économie de 800,000 fr. sur le chauffage, et une de 330,000 fr. sur la fourniture des lits. C'est avec ces bénéfices, que M. de Clermont-Tonnerre a pu établir des camps d'instruction, fonder sur un plan plus vaste, l'école de Saumur, améliorer le sort des officiers et des soldats, assurer une dotation de 500,000 f. à l'ordre de Saint-Louis, porter de 250,000 à 750,000 fr., les secours destinés aux anciens soldats des armées de l'Ouest, former un magasin de réserve pour l'habillement et accroître les richesses de nos arsenaux. Afin d'établir de la régularité et de l'ensemble dans la comptabilité et l'administration, il créa des inspections administratives faites par les intendants, et les résultats de ces inspections ont été bientôt profitables. Il acheta d'un anglais le moyen de diriger les fusées à la congrève, et de Perkins, la connaissance de la force motrice de son célèbre fusil, dont l'application ne fut néanmoins pas jugée utile. Il fit rentrer dans les règles de la comptabilité générale, l'Hôtel des Invalides, et y opéra d'importantes économies, sans porter atteinte à son indépendance.

Un des actes les plus importants du ministère de M. de Clermont-Tonnerre, fut la présentation du code militaire, qu'il défendit à la Chambre des pairs, et qui fut adopté sauf quelques modifications ; il changea aussi le matériel d'artillerie, après de nombreuses et décisives expériences confiées aux officiers généraux les plus expérimentés, afin de rendre à l'artillerie le rang supérieur qu'elle avait toujours occupé sur celle des nations étrangères. Tels ont été, entre les divers actes qui ont signalé le ministère de M. de Clermont-Tonnerre, ceux qui ont eu les plus heureux résultats, et ceux dont l'influence a été la plus favorable à l'armée et à l'administration. Nous pouvons ajouter que bien qu'il eût réduit presque de moitié, le personnel de l'administration centrale, aucune réclamation ne parvint au ministère pour une affaire négligée, pendant les trois ans et demi qu'il a conservé le portefeuille de la guerre.

Quoique dans le cours de ses ministères, M. de Clermont-Tonnerre ait borné, en général, ses luttes parlementaires à la défense des intérêts confiés à son administration, il a pris néanmoins la parole dans des questions graves, et notamment, lors de la discussion de la loi sur la conversion des rentes. Ce fut en vain, néanmoins, qu'il démontra l'immense développement de richesses, de propriété et de puissance, qui découlerait pour la France de l'adoption de cette loi; elle fut repoussée par la coalition des grands possesseurs de rentes et des adversaires politiques du ministère, bien qu'elle eût été adoptée par la Chambre des députés. Il combattit également de toutes ses forces, dans le conseil, le projet de loi tendant à l'abolition du renouvellement partiel de la Chambre des députés, et au maintien inclusif du renouvellement intégral avec la septennalité; il s'attacha à montrer qu'on fortifiait un obstacle en croyant affermir un point d'appui.

Cependant les journaux de l'opposition abusant de la biberté qui leur avait été octroyée, étaient arrivés aux dernières limites de la violence; une loi devenait indispensable pour arrêter un état de choses qui ébranlait, non-seulement le ministère, mais le trône lui-même. Cette loi, après avoir été modifiée à la Chambre des députés, était menacée de l'être encore à la Chambre des pairs, et, pour éviter un échec, le ministère crut devoir la retirer; la malveillance s'en empara pour envenimer les esprits, et une revue de la garde nationale ayant eu lieu,

Charles X fut accueilli par des cris inconvenants et séditieux. Dès-lors fut agitée, dans le Conseil, la question du licenciement de la garde nationale; M. de Clermont-Tonnerre proposait de casser seulement les trois légions qui avaient paru les plus exaltées. Cet avis ne fut pas goûté, et la garde nationale de Paris fut dissoute. Cet acte impolitique eut une immense influence sur la révolution de 1830. L'opposition devenait de jour en jour plus puissante et plus menaçante; la Chambre des députés, en plus d'une circonstance, avait manifesté une tendance hostile au Gouvernement. On agita, au Conseil, sa dissolution; M. de Clermont-Tonnerre, qui connaissait la fermentation des esprits, la repoussa de toutes ses forces, prévoyant bien qu'elle amènerait quelque grande perturbation; c'est dans ce même conseil qu'il proposa au Roi de faire l'expédition contre Alger. Il indiquait, dans un rapport fort lumineux, les causes qui jusqu'alors avaient fait échouer toutes les tentatives dirigées contre Alger, et donnait les indications les plus propres à assurer le succès de l'expédition; il insistait surtout pour qu'elle se fît promptement, bien convaincu que le Gouvernement aurait pu, avec de grandes chances de succès, demander à la France de nouveaux députés en lui présentant une grande et glorieuse conquête. Ces sages avis ne furent pas écoutés, et la Chambre des députés fut dissoute; on peut croire que si l'expédition contre Alger eût été entreprise à l'époque où M. de Clermont-Tonnerre la conseillait, elle eût changé les destinées du pays.

On sait que la dissolution de la Chambre et les élections qui la suivirent eurent pour résultat de troubler la tranquillité publique. Des rassemblements se formèrent dans la rue Saint-Denis, des barricades furent élevées; M. de Clermont-Tonnerre, en qualité de ministre de la guerre, fut chargé de la répression de ces désordres; dans les trois jours que dura l'émeute, grâce aux mesures de prudence prescrites par M. de Clermont-Tonnerre, sept insurgés seulement furent tués, ce qui n'a pas empêché de donner à cela le nom de *massacres* de la rue Saint-Denis, par les auteurs de la sanglante répression de la rue Transnonain, de Saint-Merry et de Lyon !

En présence de circonstances dont la gravité augmentait chaque jour, aux approches de l'ouverture de la nouvelle Chambre des députés où le ministère ne voyait qu'une majorité douteuse, le Cabinet songea à la retraite. M. de Clermont-Tonnerre, plein de dévouement pour la monarchie qui, selon lui, était exposée par la retraite des ministres, proposa de faire tête à l'orage. Mais, le Roi adopta l'avis contraire ; dès ce moment, M. de Clermont-Tonnerre rentra dans la vie privée, emportant l'estime et la considération de tous ceux qui avaient été à même de juger et d'apprécier sa conduite politique. Il laissa le ministère de la guerre dans l'état le plus satisfaisant ; aussi, lorsque son successeur présenta les comptes de son administration, les commissions des deux Chambres rendirent, à M. de Clermont-Tonnerre, une éclatante justice.

Retiré dans ses terres, venant peu à la cour, M. de Clermont-Tonnerre voyait s'amonceler sur le trône de France l'orage qu'il avait fait d'inutiles efforts pour conjurer. La révolution de Juillet vint réaliser ses tristes pressentiments. Fidèle à ses convictions, il n'a pas cru pouvoir prêter serment au Gouvernement nouveau. Il n'accepta pas même la retraite qui lui fut offerte, et qui lui était acquise par de nombreux et glorieux services. Il a mieux aimé vivre dans une complète indépendance, et nul n'a le droit de l'en blâmer.

COURTARVEL (Maison de).

La Maison de Courtarvel, l'une des plus anciennes et des plus distinguées du Maine, soit par les services qu'elle a rendus de tout temps, soit par les alliances qu'elle a contractées avec les Maisons les plus illustres du royaume, a eu pour berceau un antique château, situé près de Sillé-le-Guillaume, dans l'ancienne vicomté de Beaumont, au Maine. Ce château, dont la dénomination latine *Curia Ruelli*, d'accord avec la tradition du pays, indiquerait qu'il a été fondé par le patrice romain Ruellus, gouverneur de cette contrée, après être resté 700 ans dans la famille de Courtarvel, en est sorti en 1755, pour passer, avec l'héritière de la branche aînée, dans la maison de Dreux-Brézé.

Les premiers temps de l'existence constatée des seigneurs de Courtarvel nous les montrent comme principaux vassaux des vicomtes de Beaumont. Nous les voyons aussi, d'après les Cartulaires des abbayes de Champagne, de Perseigne et de St-Vincent du Mans, fonder l'église de St-Jean, et faire de nombreuses donations à ces diverses abbayes. Du reste, grâce à leur fréquente intervention dans les affaires de la province, et à leur présence aux Croisades, il est facile de relier l'histoire des premiers chevaliers de Courtarvel à celle de leurs successeurs qui, depuis la réunion des grands fiefs à la couronne et l'organisation régulière de la milice, ont constamment occupé des postes élevés soit aux armées, soit à la cour. Nous allons passer en revue les principaux personnages de cette MAISON, qui a formé de nombreux rameaux, dont deux ont particulièrement marqué par leurs services ; savoir : la branche des MARQUIS DE PÉZÉ, éteinte vers la fin du XVIIIe siècle, et celle des MARQUIS ET COMTES DE COURTARVEL, la seule qui existe de nos jours.

EUDES DE COURTARVEL, le premier du nom dont on ait pu constater l'existence, naquit vers l'an 1090. Il figure comme témoin dans une charte par laquelle Roscelin, vicomte de Beaumont, voulant concourir à la dotation de l'abbaye de Perseigne, qu'il avait fondée, lui concède, pour ses hommes, liberté et franchise entière dans toute sa terre, de manière qu'ils fussent libres de tout service terrier et de tailles, à raison de tous leurs biens actuels et autres choses qu'ils pourraient acquérir. (*Cartul. de l'abb. de Perseigne, fol. 49.*)

JOURDAIN DE COURTARVEL, chevalier, seigneur de Courtarvel, sénéchal de Sillé-le-Guillaume, figure dans une donation faite en 1203 par sa fille, Julienne, au monastère de Champagne. On le trouve également dans une charte passée en l'an 1210, sous le sceau de l'évêque du Mans, par laquelle il fait donation aux moines de Champagne d'une terre et hébergement qu'il possédait à Noyen ; par une autre charte de 1215, passée sous le sceau du doyen de Sillé-le-Guillaume, et consentie par sa femme, Mathée, par ses enfants des deux sexes et ses petits-enfants, il fit don, en aumône perpétuelle, aux moines de Savigné, d'un pré situé près du chemin de Tannie ; et enfin dans un acte, passé le vendredi avant les cendres de l'an 1234 , il est rappelé comme mort. (*Preuves de cour.*) Il avait eu 8 enfants, entre autres EUDES dont l'article suit , GEOFFROI DE COURTARVEL, que nous voyons en procès avec l'abbé de St-Vincent, à propos d'une église dont il avait fait don à l'abbaye de ce nom, et FOULQUES DU GUÉ-CRESSIER qui passa, au mois de mars 1228 , un accord avec les moines de l'abbaye de Ste-Marie de Champagne, et confirma une donation consentie par son frère aîné de deux sommées de vin en faveur de la même abbaye.

EUDES DE COURTARVEL, onzième du nom, chevalier , seigneur de Courtarvel, souscrivit une charte par laquelle Raoul, vicomte de Sainte-Suzanne, donna à la maladrerie de Raillon le moulin banal dudit Raillon. Il figure comme témoin dans plusieurs chartes.

GEOFFROY DE COURTARVEL , premier du nom, chevalier , seigneur de Courtarvel, accompagna, en 1248, Charles Ier, comte d'Anjou, frère du roi Saint-Louis , à la croisade de ce monarque, en Egypte et puis en Palestine. Il rentra en France avec ledit comte après que celui-ci eut obtenu sa liberté, en payant une forte rançon aux infidèles qui l'avaient fait prisonnier avec le roi, son frère. On a, de Geoffroi de Courtarvel, une quittance de 400 livres pour complément de gages d'une année, selon les conventions stipulées entre lui et le comte d'Anjou, au service duquel il était avec deux autres chevaliers. La production de ce titre a déterminé l'inscription du nom et des armes de Geoffroy de Courtarvel pour les salles des Croisades, au musée de Versailles. Il avait épousé Anne de Tucé, dont il eut , entre autres enfants : GEOFFROI, deuxième du nom, seigneur de Courtarvel, chevalier banneret sous le règne de Philippe-le-Hardi, qui épousa, en 1278, Marie d'Acigné, et GUILLAUME DE COURTARVEL, qui fut, en 1301, député de la noblesse du Maine et de l'Anjou.

sur le fait d'une aide demandée par Charles de France, comte de Valois, d'Alençon et du Maine, pour le mariage de sa fille.

Fouquet ou Foulques de Courtarvel, deuxième du nom, fils de Foulques de Courtarvel et de Jeanne, dame de la Lucassière, embrassa de bonne heure la carrière des armes, et se distingua par son courage dans plusieurs rencontres avec les Anglais. Par deux quittances d'appointements, délivrées par lui le 27 septembre et le 12 octobre 1415, on le voit figurer, à la tête de plusieurs écuyers, à la défense de la Normandie, sous Jean Ier, duc d'Alençon. Foulques de Courtarvel avait été armé chevalier par le duc d'Alençon et le maréchal de Boucicaut, la veille de la fameuse journée d'Azincourt, 25 octobre 1415, si fatale à la noblesse de France, et où périt le duc d'Alençon lui-même, après avoir tué le duc d'Yorck et abattu d'un coup de hache une partie de la couronne du roi d'Angleterre. La duchesse d'Alençon, pour récompenser les exploits de Foulques de Courtarvel à cette funeste bataille, le nomma, à la demande d'un grand nombre de ses sujets, capitaine-gouverneur du château et forteresse de Beaumont-le-Vicomte. Attaqué bientôt par Woodville, l'un des lieutenants d'Henri V, roi d'Angleterre, Foulques de Courtarvel repoussa vigoureusement Woodville, et le contraignit à se retirer, après douze jours d'un siége opiniâtre. Foulques, à la tête d'une partie de la garnison, se met à sa poursuite, taille en pièces l'arrière-garde, mais emporté par son ardeur, il se jette au milieu des ennemis, qui le font prisonnier. Le général anglais, charmé de cette capture, revient devant le château de Beaumont-le-Vicomte, et après avoir vainement engagé, par les plus brillantes promesses, le sire de Courtarvel à user de son autorité pour que la garnison lui ouvrît les portes, il le mène en face le pont-levis, et le menace de lui faire trancher la tête, s'il n'ordonne à ses officiers de baisser le pont. Courtarvel, mé-

prisant une telle menace, s'avance au bord des fossés, et crie à
ses soldats, d'une voix forte : « Je vous ordonne, de par le Dau-
» phin et la duchesse d'Alençon, notre dame et maîtresse, de ne
» point ouvrir vos portes, sinon, vous serez réputés déloyaux et
» félons. » Cette grandeur d'âme en imposa tellement aux Anglais, qu'ils ne mirent pas à exécution leur menace ; ils levèrent
une seconde fois le siége, emmenant avec eux Foulques de Courtarvel, qui fut mis à rançon l'année suivante. A peine libre, nous
voyons encore ce brave chevalier marcher à la tête d'une compagnie, pour aller faire lever aux ennemis le siége de Sainte-Suzanne. Enfin , il prit part, le 22 mars 1420, à la victoire de
Baugé, où il trouva une mort glorieuse, laissant à sa veuve et
à ses enfants une fortune délabrée par les dépenses considérables qu'il avait faites à la guerre, mais un héritage impérissable
d'honneur et de gloire.

Foulques de Courtarvel, troisième du nom, seigneur de
Courtarvel, de la Lucassière, de Saint-Germain, etc., fut écuyer
d'écurie de René d'Alençon, comte du Perche, et enseigne de la
compagnie d'hommes d'armes des ordonnances, commandée
par ce prince, en considération des services qu'il lui avait rendus en maintes circonstances.

Ambroise de Courtarvel , seigneur de Courtarvel, de la Lucassière, de Saint-Germain, de Mont-Crestin, de la Roussière, de
la Pailleric, puis de Pézé et de Boisgencif, embrassa la carrière
des armes, et fut enseigne de la compagnie d'ordonnance du
maréchal de Baudricourt, en 1449. Il épousa, en 1480, Anne de
Pézé, dame de Pézé et de Boisgencif, fille et principale héritière de Jean de Pézé, écuyer, seigneur de Pézé, du Bouchet,
de Boisgencif, etc. , et de Guionne de Champagné. En 1507,
Ambroise de Courtarvel reçut commission, avec quelques
écuyers, de réprimer les abus que commettaient les routiers, au
fait de la chasse, dans le pays du Maine.

Foulques de Courtarvel, quatrième du nom, chevalier , seigneur de Pézé, de Courtarvel, de la Lucassière, de Boisgencif, de la Courseure, de Saint-Germain, etc., qualifié de *haut et puissant seigneur*, comme le furent ses descendants, se distingua dans la carrière des armes , où il resta pendant plus de 25 ans , d'abord en qualité d'homme d'armes, puis d'enseigne de la compagnie des ordonnances , sous la charge du duc d'Alençon. En récompense de la valeur dont il fit preuve aux journées de Marignan , en 1515, et de la Bicoque , en 1522 , le roi Francois Ier le nomma gouverneur du château de Chantelle, en Bourbonnais.

Jacques de Courtarvel, chevalier, seigneur de Courtarvel, de Pézé, etc., chevalier de l'ordre du roi, gentilhomme ordinaire de la chambre des rois Charles IX et Henri III, fut lieutenant de la compagnie de cinquante hommes d'armes des ordonnances, sous M. de Chantemelle, son cousin-germain. Il assista à la bataille de Saint-Quentin, où il fut blessé, le 10 août 1557, et à celle de Gravelines, le 14 juillet 1558, dans laquelle il fut blessé également et fait prisonnier. En récompense de ses grands et vertueux services , le roi Henri III érigea la seigneurie de Pézé en Châtellenie , et y autorisa l'établissement d'un marché tous les lundis de chaque semaine.

Charles de Courtarvel , premier du nom , seigneur de Courtarvel, de la Lucassière , de Pézé , etc., chevalier de l'ordre du roi, gentilhomme ordinaire de la chambre de Henri III, fut lieutenant de la compagnie d'ordonnance de M. de Lavardin. Le 30 avril 1589, le roi Henri III écrivit à Charles de Courtarvel pour lui mander qu'étant à la veille de marcher contre ses ennemis rebelles, il le conviait, comme étant toujours demeuré fidèle, de venir l'assister avec ses amis. Celui-ci ne fut pas sourd à cet appel, et vint bientôt grossir l'armée d'Henri III, réunie depuis peu à celle de Henri, roi de Navarre, pour combattre ensemble les ligueurs. Après la mort tragique de Henri III, Charles de Courtarvel resta au service de son successeur.

René de Courtarvel, premier du nom, fils et héritier des titres de Charles de Courtarvel, son père, épousa, le 17 octobre 1621, Marie de Saint-Gelais de Lusignan, fille d'Artus de Saint-Gelais de Lusignan, haut et puissant seigneur de Lansac, marquis de Balon, et de Françoise de Souvré de Courtenvaux.

René de Courtarvel, deuxième du nom, chevalier, marquis de Pézé, seigneur de Courtarvel, etc., obtint du roi Louis XIV la faveur de voir ériger en marquisat la terre de Pézé, par lettres du mois d'avril 1656, enregistrées le 3 août 1663. Il avait épousé, le 24 juin 1641, Séguine Le Gros de Princé, fille de Charles-le-Gros, seigneur de Princé et du Bouchet, conseiller du roi, lieutenant-général à Beaufort, en Anjou.

Hubert de Courtarvel, marquis de Pézé, connu d'abord sous le nom de chevalier de Pézé, est un des membres de la maison de Courtarvel qui a le plus illustré son nom. Entré de bonne heure au service, il fut attaché en qualité d'aide-de camp au comte de Tessé, commandant dans le Milanais. Il prit une part glorieuse, le 9 juillet 1701, à la charge brillante que fit son général au combat de Carpi, et le mois de décembre suivant, à la défaite et à la prise du baron de Mercy, que le prince Eugène avait détaché pour surprendre Mantoue. L'armée impériale ayant fait le blocus de cette ville, le chevalier de Pézé fit partie de toutes les sorties qui eurent lieu dans le cours du blocus, qui dura six mois, et se distingua surtout à celle du 22 mars 1702, où le général Trautmansdorff fut battu près de St-Antoine. Promu au grade d'aide-major du régiment de Bozelle, dragons, le 15 mai suivant, il continua à servir sous les ordres du comte de Tessé, et se trouva aux batailles de San-Vittoria et de Luzzarra. Capitaine réformé à la suite du régiment colonel-général, dragons, il fit avec ce corps la campagne de Flandre, en 1704, il obtint, l'année suivante, une compagnie qu'il commanda à l'armée du Rhin, puis à celle de la Moselle, sous le maréchal de Villars, en 1706. Il quitta sa compagnie de dragons pour passer enseigne au régiment des gardes-françaises, le 9 février 1707. Nommé successivement sous-lieutenant, aide-major, lieutenant et capitaine, il assista aux batailles d'Oudenarde et de Malplaquet, ainsi qu'aux siéges de Landau et de Fribourg, en 1713. Il fut fait, le 1er avril 1716, gentilhomme de la Manche du roi, gouverneur de la meute (gouvernement créé pour lui), le 10 août 1719. Il se démit de sa compagnie des gardes pour passer colonel-lieutenant du régiment du roi, infanterie, par commission du 16 décembre de la même année. Il fut, un an après, créé brigadier d'infanterie et chevalier de l'ordre de Saint-Louis. Il épousa, le 22 novembre 1722, Lydie Nicole de Bérenghien, et prit le titre de marquis de Pézé. Il fut nommé, la même année, gouverneur de Rennes et du château de Madrid, près Boulogne, et, cinq ans après, créé maréchal-de-camp. Il servit comme tel, et ensuite comme maréchal-des-logis de l'armée d'Italie, par ordre du 6 octobre 1733; il assista, la même année, aux siéges de Gerra d'Adda, de Pizzighitone et du château de Milan, et, un an plus tard, à ceux de Sarravalle et Novarre, du fort d'Arona et de Tortone, et à la bataille de Parme, au mois de juin. Elevé au grade de lieutenant-général des armées du roi, le 1er août 1734, il couronna cette belle série de services en se couvrant de gloire à la terrible bataille de Guastalla, livrée le 19 septembre suivant. Mais, blessé grièvement dans cette dernière affaire, il mourut deux mois après (23 novembre), après avoir été nommé par le roi, en récompense de sa belle conduite à Guastalla, chevalier de ses ordres, le 18 octobre précédent.

Pierre de Courtarvel, deuxième du nom, chevalier, seigneur de Boursay, etc., chevalier de l'ordre du roi, fils puîné de Jacques de Courtarvel, n'est célèbre que par une lettre que lui écrivit Louis XIII, le 20 mars 1617, pour lui défendre de se battre en duel avec le seigneur des Boutets, ayant ordonné au comte de Saint-Pol de les entendre tous deux et de terminer leur différent.

François de Courtarvel, premier du nom, chevalier, seigneur de Boursay, etc., embrassa la carrière des armes et servit en qualité de lieutenant dans la compagnie de M. de Bragelongne, faisant partie du régiment du seigneur de Boisruffin. Les services qu'il rendit à ce régiment le firent exempter, le 23 août 1636, par sentence du bailli de Vendômois, de contribuer au ban et arrière-ban.

François de Courtarvel, deuxième du nom, chevalier, seigneur du Boursay, etc., l'un des cent gentilshommes de la maison de Louis XIII, et gentilhomme ordinaire de la chambre de Louis XIV, commanda pour le roi, à Montmirail, et au Perche ; en 1667, il produisit ses titres de noblesse devant M. Aubray, intendant de la généralité d'Orléans. Il est dit dans sa production : « que l'ancien château de Courtarvel était encore possédé » par Messire René de Courtarvel, chevalier, marquis de Pézé, » avec le village qui portait le même nom, ce qui était la mar- » que véritable des plus anciennes maisons du royaume.

César de Courtarvel, premier du nom, chevalier, seigneur de Saint-Remy, de Boursay, etc., naquit le 17 février 1642. A l'âge de 24 ans, il fut nommé capitaine au régiment de Louvigny, infanterie, et quatre ans plus tard, il fut incorporé avec sa compagnie dans le régiment du roi. L'année suivante, il fut admis comme enseigne dans la compagnie colonelle du régiment des gardes-françaises, et un an après, il y fut fait sous-lieutenant.

Après avoir servi sous le prince de Condé, en 1674, il devint successivement aide-major en 1679 et lieutenant en 1681. Le roi le dispensa du service personnel à l'arrière-ban, vu la gravité des blessures qu'il avait reçues à la guerre.

RENÉ-CÉSAR DE COURTARVEL, chevalier, seigneur patron de Baillou, de la Cour-de-Souday, etc., fut officier au régiment de la marine, infanterie. En 1760, le comte de Courtarvel fit hommage au roi, au bureau des finances de la généralité de Tours, pour les terre, fief et seigneurie de Souday, mouvant de la baronnie de Montdoubleau ; cet hommage fut renouvelé le 24 août 1766.

Louis-François-René, marquis de Courtarvel, pair de France, lieutenant-général des armées du roi, grand-croix de l'ordre de Saint-Louis, etc., naquit au château de la Cour, paroisse de Souday, le 19 décembre 1759. Il entra au service le 31 janvier 1776, avec le grade de sous-lieutenant dans le régiment de Guienne, infanterie, fut fait capitaine après le 28 avril 1778, et servit en Corse avec sa compagnie. La même année, étant passé capitaine dans les dragons de Penthièvre, il devint mestre-de-camp en second de ce régiment, en 1783. Trois ans plus tard, il fut fait colonel-commandant du régiment de Vivarais, infanterie. En 1790, ce régiment s'étant révolté contre le lieutenant-colonel, le marquis de Courtarvel sut, au péril de sa vie, calmer la fureur de ces soldats et les ramener à l'obéissance. Les excès de la révolution le forcèrent à émigrer en 1791 ; il prit du service dans les armées des princes français et fit ainsi les campagnes d'Allemagne, à la tête des officiers du régiment de Vivarais, et ensuite celles de Portugal avec le grade de major du régiment de Castries à la solde de l'Angleterre, jusqu'en 1802. Décoré de l'ordre de Saint-Louis, au camp de Harbourg, en 1795, il fut, l'année suivante, élevé par Louis XVIII au grade de maréchal-de-camp. A la rentrée des Bourbons il fut créé lieutenant-général, et en 1816, il fut appelé à faire partie de la commission d'officiers généraux chargée de fixer les grades et récompenses dus aux anciens officiers des armées royales. Choisi par le roi le 13 mars et le 10 octobre 1821 pour présider le collége électoral de Loir-et-Cher, le marquis de Courtarvel fut élu à ces deux époques membre de la Chambre des députés par ce département, et en 1824 il fut appelé à faire partie de la Chambre septennale, jusqu'en 1827, époque à laquelle Charles X l'éleva à la dignité de pair de France.

En octobre 1780, il avait fait ses preuves de noblesse pour les honneurs de la cour, devant M. Chérin, généalogiste des ordres du roi ; par suite de ces preuves, il eut l'honneur de monter dans les carrosses de Sa Majesté et de l'accompagner à la chasse, le 20 mars 1781.

Créé commandeur de l'ordre de Saint-Louis par brevet du 1er mai 1821, il fut élevé au grade de Grand-Croix, le 23 mai 1825. Il était chevalier de la Légion-d'Honneur depuis le 1er août 1821, lorsqu'il mourut, sans enfants, le 27 juin 1841.

JULES-HONORÉ-CÉSAR, vicomte de Courtarvel, né le 15 janvier 1768, admis chevalier de Malte de minorité le 18 septembre suivant, fut nommé sous-lieutenant au régiment de Navarre en 1783, capitaine dans les chasseurs de Lorraine cinq ans après, et enfin chef d'escadron et chevalier de Saint-Louis en 1814. Il fut, en 1824, appelé à la Chambre des députés comme représentant du département d'Eure-et-Loire.

CLAUDE-RENÉ-CÉSAR, comte, puis marquis de Courtarvel, pair de France, maréchal-de-camp, chef des nom et armes de sa Maison, est né à Chartres le 1er avril 1761, et a été reçu chevalier de Malte de minorité, le 24 mai de la même année. Entré dans les pages de la reine en 1775, il en sortit pour passer officier au régiment de Guienne, infanterie. Il n'avait que vingt-deux ans lorsqu'il reçut le brevet de capitaine, au régiment de Penthiè-vre, dragons. La révolution de 1789 vint arrêter sa carrière, et les excès des terroristes le forcèrent, pour échapper à l'orage qui grondait sur la tête des modérés, à aller chercher un asile en pays étranger. Rentré en France à la fin de 1793, il ne prit aucune part aux affaires publiques.

Partisan de la légitimité, il vit avec bonheur le retour des héritiers du roi martyr. Il pensait que les Bourbons pouvaient seuls rendre à la France le calme, le repos et la prospérité, dont elle avait été privée pendant si longtemps. Louis XVIII, pour le récompenser de sa fidélité, le fit colonel de cavalerie et che-valier de Saint-Louis, le 13 août 1814. Nommé, l'année sui-vante, commandant des gardes nationales de Châteaudun et pré-sident du collége électoral d'Eure-et-Loire, il obtint les suffrages des électeurs. Il a siégé au Palais-Bourbon jusqu'en 1823.

En arrivant à la chambre élective, M. le marquis de Courtar-vel prit place parmi les hommes dont les opinions monarchiques leur faisaient défendre à la fois les intérêts du trône et ceux du pays. S'il se fit le défenseur des principes aristocratiques, ce ne fut qu'en les modifiant selon l'esprit de l'époque, en tenant compte des progrès qu'ont fait en France l'émancipation de l'in-telligence et la liberté; aussi ses convictions ne dégénérèrent jamais en fanatisme, comme celles de tant d'autres, dont l'exa-gération fut le principal obstacle à la fusion des partis, qui seule pouvait consolider la Restauration. Esprit conciliant, ferme à la fois et modéré, suivant en toute occasion les inspirations de sa conscience, soit à la tribune, soit dans le sein des commissions, sa voix exerça toujours une influence salutaire, parce qu'il sut faire abstraction des hommes et de leurs opinions, pour ne s'oc-cuper que des choses.

Quoique nous n'ayons pas la latitude nécessaire pour passer en revue tous les travaux de M. le marquis de Courtarvel comme député, nous en signalerons quelques-uns.

En 1817, 1821 et 1822, il prit part à la discussion relative à la liberté et à la police des journaux et à la censure. Quant aux journaux, il voulait, tout en les soumettant à une surveillance sévère, les soustraire aux caprices et souvent aux exigences des ministres. Il voyait dans ces moyens, d'une part, une digue opposée aux débordements révolutionnaires, et, de l'autre, une arme de moins dans les mains du pouvoir. Quant aux brochures, si M. le marquis de Courtarvel demandait qu'elles fussent soumises à la censure, ce n'était point en obéissant à un sentiment rétrograde, ce n'était pas non plus, comme on l'a prétendu, pour préserver seulement la monarchie des attentats des factions, mais aussi pour garantir les idées religieuses et morales contre les atteintes graves qu'une trop grande liberté de la presse devait leur porter. Or, les principes de justice, de morale et de religion étant les bases les plus solides du bonheur d'une nation, attaquer ces principes, c'était, pour M. le marquis de Courtarvel, attaquer la nation elle-même, et, en véritable et sincère ami de son pays, il devait s'élever contre tout progrès contraire à ses sentiments. Nul n'a le droit de l'en blâmer.

En 1848, il prononça, sur le recrutement de l'armée, un discours qui révéla chez l'orateur des connaissances pratiques de la plus grande justesse.

A propos de la discussion du budget de 1849, M. le marquis de Courtarvel présenta un programme administratif et financier qui lui fit grand honneur. Entre autres points qu'il y traita, il s'éleva avec force contre la désastreuse manie du défrichement des forêts, considéré, par les économistes les plus illustres, comme devant causer la ruine de la France.

En 1823, M. le marquis de Courtarvel prononça aussi un excellent discours sur les douanes. Ce discours, accueilli avec un vif intérêt et imprimé par ordre de la Chambre, prouva que l'orateur n'était étranger à aucune des grandes questions de l'administration financière. Ce fut là le dernier travail du député d'Eure-et-Loire. Une ordonnance royale du 23 décembre 1823 l'appela à la dignité de pair de France. Fidèle à ses convictions, M. le marquis de Courtarvel les a exprimées librement au Luxembourg, toutes les fois qu'il a eu occasion de les manifester.

En 1830, malgré ses regrets pour la famille aînée des Bourbons, M. le marquis de Courtarvel ne crut pas devoir divorcer avec le pays, qu'il met au-dessus même d'une dynastie. Il pensa qu'il devait, ne fût-ce que pour éviter des malheurs plus grands, rester dans le poste où il pouvait rendre des services à la France. Il prêta donc serment sans explication ni commentaire, laissant à l'avenir le soin d'expliquer les motifs qui l'ont fait ne pas imiter ceux qui se sont retirés du Luxembourg.

Depuis cette époque, il n'a cessé de prendre une part active aux travaux de la Chambre haute. En 1832, il combattit avec force le projet de loi tendant à abroger celle du 24 janvier. Il démontra que ce projet était une atteinte grave portée à la monarchie elle-même, car il était, en quelque sorte, l'apologie d'un grand crime. Il fit une impression d'autant plus profonde sur l'auditoire, qu'il puisait ses inspirations dans les souvenirs d'un cœur loyal et fidèle.

Parmi les autres discours que M. le marquis de Courtarvel a prononcés, il en est un surtout que nous ne passerons pas sous silence, car le sujet qu'il traite est depuis longtemps à l'ordre du jour, et tient de près aux intérêts les plus sacrés des familles, à l'instruction secondaire. Dans ce discours, l'orateur s'est fait le défenseur des idées libérales, car il a réclamé la liberté de l'enseignement et des cultes; il a, dans l'intérêt de la jeunesse et des familles, combattu les prétentions trop grandes de l'Université, et défendu certaines corporations des reproches injustes que des adversaires passionnés leur adressent constamment. Quelques passages de ce discours en feront mieux apprécier la portée que tout ce que nous pourrions en dire :

« Est-il nécessaire à la *religion*, à la *morale*, au *bon ordre*, à la *science* (entendez-le-bien), que tels hommes, religieux pourtant, et de mœurs honnêtes, amis de l'ordre et familiers avec la science, soient exclus de l'enseignement et interdits de cette universelle liberté que la constitution donne à tout le monde?

» Pour moi, Messieurs, je ne comprends pas, à vous parler sans déguisement, le privilége et l'exclusion dans la liberté, ces mots se choquent. Je ne comprends pas une institution suprême et indépendante se surveillant elle-même au nom de l'État, et se dérobant ainsi à la surveillance efficace que l'État doit exercer uniformément sur elle et sur toutes les autres; je ne comprends pas, dans un régime de liberté, une institution d'enseignement surveillant, au nom de l'État, toutes les institutions, ses rivales.

» Je ne comprends pas, au sein d'une nation libre et chrétienne, la pluralité des enseignements religieux en une même maison d'enseignement.

» Qui enseigne plusieurs religions n'en enseigne aucune. »

Après avoir rappelé ce mot de Sieyès : *Ils veulent être libres et ne savent pas être justes ;* après avoir signalé comme tout-à-fait contraire aux institutions d'un état libre cette haineuse répulsion pour des associations catholiques approuvées par la religion nationale, M. le marquis de Courtarvel termine ainsi son discours :

« Je conçois que la loi civile n'accorde à de certaines sortes d'engagements, comme les vœux, que les effets civils qui lui conviennent, elle en est bien la maîtresse, et il y a d'ailleurs de spécieuses raisons pour cela; mais je ne puis concevoir qu'avec une constitution qui accorde la liberté des cultes, la loi civile prétende interdire des engagements qu'admet, honore et consacre un des cultes qu'elle reconnaît.

» Je ne peux concevoir que la loi civile commette l'inqualifiable entreprise de fonder, sur des engagements qui ne sont qu'un usage religieux et louable de la liberté, une interdiction civile qui gêne la liberté et qui la ruine. Réfléchissez, Messieurs, que la loi civile qui offense le culte autorisé par la loi de l'État, offense la constitution ; d'après ces motifs, et en raison de la liberté de l'enseignement et des cultes, je voterai contre le projet de loi qui vous est soumis. »

Fidèle aux traditions de sa famille, c'est par des services loyaux dans les armées, par un rôle honorable dans le parlement, que M. le marquis de Courtarvel a cru devoir conserver la réputation du nom sans tache qu'il porte. C'est aussi sans tache qu'il le transmettra à ses enfants. Il a épousé, 1° le 9 mai 1804, Anne-Marguerite de Lubersac, morte sans enfants le 17 mars 1827 ; 2° le 4 août 1828, Aliénor-Louise-Caliste-Marie-Juliette-Mathilde de Becdelièvre, fille de Louis-Marie-Christophe, marquis de Becdelièvre, qui fut gentilhomme honoraire de la chambre du roi, et de Caliste-Françoise-Joséphine de Larlan de Rochefort. Il a eu de ce mariage deux fils et deux filles, qui sont :

1° René de Courtarvel, né le 14 août 1830 ;

2° Ludovic de Courtarvel, né le 4 mars 1832 ;

3° Aliénor de Courtarvel, née le 9 août 1835 ;

4° Alix de Courtarvel, née le 12 décembre 1837.

LES ARMES DE LA MAISON DE COURTARVEL sont : *d'Azur, au sautoir d'or, cantonné de seize losanges du même, posées droites, quatre en croix et douze en orle ;* SUPPORTS : *deux lions.*

M. LE COMTE FRABOULET DE VILLENEUVE,
(Colonel d'Artillerie)

FRABOULET DE VILLENEUVE (Maison de).

ARMES : *d'azur à la forteresse d'argent portant en chef une épée couchée d'or ; l'écu timbré d'une couronne de comte.* — SUPPORTS : *Deux chevaux.*

Cette maison est originaire de la Bretagne, où elle tenait un rang distingué dans la noblesse de cette province, tant pour son ancienneté bien constatée que pour ses alliances honorables et surtout pour les services signalés qu'elle rendit de tout temps à son pays. A cette époque de sanglante mémoire où, pour sauver leur tête, les nobles étaient réduits à brûler leurs chartes, leurs titres nobiliaires, leurs parchemins, leurs plus beaux titres de gloire, la famille Fraboulet eut le sort commun à la noblesse ; mais, moins heureuse que beaucoup de familles, elle perdit aussi son chef d'alors, M. le comte Fraboulet de Villeneuve, père de celui qui est aujourd'hui le représentant de cette maison, et qui fut assassiné, en plein jour, dans sa terre de Chancé, qu'il tenait de sa femme, dans un de ces moments d'effervescence populaire qui fit couler à flots le plus pur du sang français. Il n'est donc pas étonnant que la famille Fraboulet ne puisse pas remonter jusqu'aux premiers temps de son existence, et qu'elle ne connaisse ses premiers aïeux que par les traditions qui, dans sa famille, se sont transmises de génération en génération. Imitant en cela la noble réserve et la touchante modestie du représentant actuel de la famille, à qui nous pourrions dire avec raison :

« Qui sert bien son pays n'a pas besoin d'aïeux..... »

nous ne ferons remonter la généalogie de cette maison qu'à François Fraboulet, qui vivait à la fin du xvie et au commencement du xviie siècle, parce qu'à partir de lui nous ne trouvons aucune lacune et que la chaîne ne se trouve nulle part interrompue.

Cependant, avant de commencer à établir la généalogie, nous dirons encore un mot sur le titre de comte que porte aujourd'hui le chef du nom et des armes de cette maison. S'il eût accepté les traditions vivaces de sa famille, il eût pu prendre un titre plus élevé; mais il n'a trouvé sur les armes portées par son père qu'une couronne de comte, il a cru devoir se contenter de ce titre, obéissant en cela à un sentiment profond de délicatesse et aussi de respect pour la mémoire de l'auteur infortuné de ses jours. Nous devons ajouter que lorsqu'il perdit son père, il était trop jeune et peut-être aussi trop insouciant pour comprendre l'intérêt qu'il avait à recueillir tout ce qui pourrait un jour l'aider à reconstituer les titres de sa noblesse. Cette sorte d'insouciance, cette modestie plutôt, chacun a pu les remarquer chez le brave colonel, puisque rarement encore aujourd'hui il prend son titre. Ceci, du reste, tient un peu à une habitude de famille que nous pourrions appeler héréditaire, et voici où elle prend sa source : François Fraboulet avait fait la guerre en brave capitaine et avait conquis de beaux grades, jusqu'à celui de colonel, qui ne s'accordait qu'aux officiers d'extraction noble; il avait recueilli une gloire durable et reçu quelques bonnes blessures; mais il s'était ruiné. Aussi, pour réparer les brèches faites à sa fortune, prit-il la résolution de se lancer dans les spéculations commerciales. A cet effet, il fit au greffe de la sénéchaussée d'Auray (Morbihan), où il avait fixé son domicile, une déclaration par laquelle lui et son fils aîné renoncèrent à la noblesse pendant le temps qu'ils se livreraient à des états dérogeants, à cause de leur peu de fortune. Depuis lors, bien que les descendants aient repris leurs titres de noblesse, ils en faisaient très peu usage ou se contentaient de prendre le simple titre de noble homme ou de chevalier.

La maison Fraboulet s'est divisée en plusieurs branches que nous allons passer successivement en revue. Nous commencerons par la branche aînée.

I. François Fraboulet entra de bonne heure dans la carrière des armes et devint colonel, commandant un régiment sous les ordres du duc de Mercœur, gouverneur de la Bretagne. Ses blessures l'ayant forcé à prendre sa retraite, il se retira à Auray (Morbihan), où il se maria. Ruiné, comme nous l'avons dit, par le métier des armes, et jaloux de rétablir sa fortune délabrée en s'adonnant au commerce, il fit, au greffe de la sénéchaussée royale d'Auray, une déclaration par laquelle lui et son fils aîné renoncèrent à la noblesse pour le temps pendant lequel sa famille serait forcée de prendre des états dérogeants. Il mourut en 1632, laissant de son mariage avec N..... quatre enfants, savoir :

1° Nicolas Fraboulet, qui suit;

2° Laurent Fraboulet, qui fut le chef de la branche cadette, et dont nous parlerons plus tard;

3° Julien, mort sans postérité;

4° Armel, mort sans postérité.

II. Nicolas Fraboulet épousa Jeanne Eudoux, dont il eut trois enfants dont un sans postérité connue; il mourut en 1679; ses enfants sont:

1° Jacques, qui suit;

2° Pierre Fraboulet, marié à Yvonne Guimarho, d'une famille noble. Il en eut trois enfants dont un mourut sans postérité; les deux autres furent :

A. Jean-Hyacinthe, dont il sera question plus tard;

B. Marie-Vincente Fraboulet, mariée à Théodore Damain, dont elle eut deux enfants, Joseph et Jeanne.

III. Jacques Fraboulet eut de son mariage avec Catherine Hérault quatre enfants dont l'un, Olive, mourut très jeune; les trois autres furent:

1° Pierre-Alain, qui suit;

2° Guillaume, marié à Françoise-Anne Guillet de La Robinière, d'une famille noble, dont il n'eut pas d'enfants;

3° François, marié à Angélique Berrier, qui ne lui donna pas non plus d'héritiers.

IV. Pierre-Alain Fraboulet épousa Catherine Lhermite de Brest, issue d'une famille noble et distinguée. Pierre-Alain n'ayant pas eu d'héritiers de son mariage, la succession des titres et nom de la maison de Fraboulet échut à Jean-Hyacinthe, fils de Pierre Fraboulet et de Yvonne Guimarho.

V. Jean-Hyacinthe Fraboulet épousa Guillemette-Renée Girard, dont il eut sept enfants; deux seulement sont connus:

1° Jean-Marie-Hyacinthe, qui suit, chef de la branche des Fraboulet de Villeneuve;

2° Louise-Yvonne Fraboulet, mariée à M. Corvesier, eut trois filles dont la première épousa N.... Terrasson, contre-amiral, major général, et mourut sans postérité; la seconde fut mariée à N.... Thévenard, vice-amiral, pair de France, grand-cordon de la Légion-d'Honneur, dont elle a eu un fils:

A. N.... Thévenard, chef d'escadron d'artillerie, marié à Auray.

La troisième fille de Louise-Yvonne Fraboulet épousa N.... Le Blanc de La Combe, inspecteur général d'artillerie, dont elle eut trois enfants.

Branche des seigneurs de Villeneuve.

VI. Jean-Marie-Hyacinthe Fraboulet, chef de la branche des Fraboulet de Villeneuve, et connu sous le nom de comte Fraboulet de Villeneuve, officier des vaisseaux de la compagnie des Indes, épousa demoiselle Anne Even, d'une famille noble, dont sont nés deux enfants:

1° Henriette Fraboulet de Villeneuve, mariée à N.... T. de La Besneraye, dont sont nés trois enfants :

A. N.... T. de La Besneraye, marié à N.... de Dompierre d'Hornoy;

B. Félix T. de La Besneraye, mort capitaine d'état-major;

C. Émile T. de La Besneraye, employé dans les contributions directes.

2° Marie-Claude Fraboulet de Villeneuve, qui suit.

VII. MARIE-CLAUDE, COMTE FRABOULET DE VILLENEUVE, chef et représentant actuel de sa maison, colonel d'artillerie de marine, retraité maréchal-de-camp, officier de la Légion-d'Honneur, chevalier de l'ordre royal et militaire de Saint-Louis, etc., etc., marié à madame ÉLISABETH-ADÉLAÏDE, veuve de M. VAN PUTTEN, appartenant à une famille noble de Hollande, dont il n'a pas d'enfants.

La longue et honorable carrière de M. le comte Fraboulet de Villeneuve nous engage à lui consacrer une notice particulière que nous placerons à la suite de la généalogie.

Branche cadette.

II. LAURENT FRABOULET, deuxième fils de François Fraboulet, premier chef connu de cette maison, épousa, le 3 août 1645, OLIVE PITOUAYS, d'une famille distinguée de Hennebon ; il eut de ce mariage quatre enfants, dont trois sans postérité ; il mourut à Pontivy, en 1660.

III. JACQUES FRABOULET, fils du précédent, naquit à Saint-Caradec, le 22 octobre 1652, et mourut à Berne, le 2 janvier 1699 ; il avait épousé, le 16 août 1684, CATHERINE LE CARGUER, d'une famille noble de Berne, morte en 1722, dont il laissa deux enfants connus, savoir :

1° Jacques-Jean Fraboulet, qui suit ;

2° Guillaume Fraboulet, né à Berne, le 16 mai 1697, qui épousa demoiselle de Fournoir, qui lui donna trois enfants, dont un sans postérité ; les deux autres sont :

A. Joseph-Marie Fraboulet, chef de la branche des Fraboulet de Kerléadec, dont nous parlerons ci-après ;

B. Marie-Thomasse Fraboulet, mariée à N.... Desvaux-
Bonamy, inspecteur des domaines, qui a eu quatre
enfants, dont deux sans postérité; les deux autres
sont :

   a. Marie-Josèphe Desvaux-Bonamy, mariée à N....
Gilbert, dont deux enfants morts sans postérité;

   b. Rosalie Desvaux-Bonamy, qui épousa N.... Montfort, capitaine de vaisseau, qui a eu deux enfants :
   1° Paul Montfort, chef d'escadron d'artillerie;
   2° Virginie Montfort.

IV. Jacques-Jean Fraboulet, naquit à Berne, le 14 juillet 1691.
Il épousa demoiselle N.... de Castillon, d'une famille noble, le 7 février 1720, à Hennebon; il eut quinze enfants,
dont un seul, Joseph-Marie, qui suit, laissa de la postérité; il mourut à Hennebon, le 21 février 1750.

V. Joseph-Marie Fraboulet, naquit le 5 octobre 1720. Il devint
un des avocats les plus distingués du barreau de Hennebon.
Il avait épousé, par contrat passé à Saint-Pol-de-Léon, le
9 novembre 1760, N.... Le Borgne de Villeroche, d'une
famille noble. Il mourut le 25 mai 1784, laissant de son
mariage trois enfants, savoir :

1° Jean-Joseph-Marie Fraboulet, qui suit, chef de la branche
des Fraboulet de Chalendar;

2° Marie-Anne-Antoinette Fraboulet, mariée à N.... Creuzé,
dont trois enfants:

   A. Marie-Michelle Creuzé, mariée à N.... Hérault, dont
une fille;

   B. Marie-Anne Creuzé, qui a épousé N.... Michou, dont
deux enfants;

C. Apolline Creuzé, alliée à Armand Fraboulet de Chalendar.

3° Jean-François-Marie Fraboulet, né en 1767, conseiller à
la cour royale de Poitiers, qui a épousé N.... Martineau
de La Sourdière, dont il a eu quatre enfants, savoir :

A. Charles-Armand Fraboulet, non marié, né en 1805 ;

B. Victor Fraboulet, né en 1809, marié à N...., dont deux
enfants ;

C. Sophie Fraboulet, née en 1810, mariée à N.. . Main-
dron ;

D. Ernest Fraboulet, marié à N.... Faulion, dont un enfant.

Branche des Fraboulet de Chalendar.

VI. JEAN-JOSEPH-MARIE FRABOULET, chef de la branche de Chalendar par son mariage avec N.... DE CHALENDAR DES CROZES,
d'une famille noble et distinguée, a laissé un seul enfant,
qui suit :

VII. ARMAND-FRANÇOIS-MARIE FRABOULET DE CHALENDAR épousa demoiselle APOLLINE CREUZÉ, sa cousine, dont il a eu une fille,
Marguerite-Louise-Félicie Fraboulet.

Branche des Fraboulet de Kerléadec.

V. JOSEPH-MARIE FRABOULET, SEIGNEUR DE KERLÉADEC, fils de Guillaume Fraboulet, chef de la branche des Fraboulet de Kerléadec, épousa N.... HERVÉ, issue de parents nobles, dont
il eut un seul enfant, qui suit :

VI. FRANÇOIS FRABOULET DE KERLÉADEC, officier d'infanterie, marié à N.... Tomson, d'une famille anglaise, dont il a eu trois enfants, savoir :

1° Fortuné Fraboulet de Kerléadec, qui suit :

2° N.... Fraboulet, lieutenant d'infanterie ;

3° Demoiselle N.... Fraboulet.

VII. Fortuné Fraboulet de Kerléadec, fils aîné de François Fraboulet de Kerléadec, a embrassé la carrière des armes ; il est aujourd'hui lieutenant d'infanterie.

M. le comte Fraboulet de Villeneuve (Marie-Claude), colonel d'artillerie de marine, chevalier de Saint-Louis et officier de la Légion-d'Honneur, représentant actuel de sa maison, dont il a été question plus haut, est né à Lorient. Sa famille, qui le destinait à la carrière des armes, le fit entrer dans la marine, dès que ses études furent terminées, et il y passa un an. Mais son goût le portant vers le service de l'artillerie, il se fit admettre comme sous-lieutenant dans les troupes de la marine. Après quelques campagnes, le général Favereau, inspecteur-général des troupes d'artillerie de la marine, se l'attacha en qualité d'aide-de-camp. Nommé capitaine d'artillerie de première classe, au mois de juillet 1796, il s'embarqua successivement sur *l'Invincible* et *le Gaulois*, comme commandant de l'artillerie de ces vaisseaux.

Le quatrième régiment d'artillerie de marine auquel il appartenait, ayant été envoyé en Italie, il fit avec ce corps les campagnes de 1800 à 1802. Rentré à Lorient en 1803, le capitaine Fraboulet fut chargé d'opérer une levée d'ouvriers militaires, depuis le département de la Loire-Inférieure jusqu'en Piémont. Il fut ensuite employé comme inspecteur des forges et

fonderies de la marine dans le département des Ardennes, pendant les années 1803, 1804, 1805.

M. le comte Fraboulet de Villeneuve fut bientôt après choisi
par le ministre pour diriger, à Paris, le recrutement général de
l'artillerie de la marine; il remplit ces fonctions pendant trois
ans et demi, et en récompense des services qu'il rendit en cette
circonstance, il fut promu au grade de chef de bataillon (18 avril
1808).

Rentré à Brest, il reçut bientôt l'ordre de prendre le commandement supérieur des côtes de l'ouest, et, comme toujours,
il apporta dans ce commandement le zèle et le dévouement
dont il était animé pour son service. Il fut ensuite désigné pour
commander le bataillon d'ouvriers militaires de la marine que
l'Empereur avait envoyés à l'armée du midi. Il se rendit en con-
séquence à Bordeaux, y organisa ce corps et le conduisit ensuite
en Espagne, où il fut employé au siége de Cadix, sous les ordres
du général Lhery, commandant le corps du génie de l'armée.
Ce général, appréciant les qualités distinguées du chef de bataillon , le recommanda plusieurs fois au gouvernement, en solli-
citant pour lui un avancement qu'il méritait.

Au mois de mai 1810, le maréchal Soult, commandant en
chef l'armée d'Espagne, appela auprès de lui le comte Fraboulet de Villeneuve en qualité d'aide-de-camp ; c'est ainsi que le
jeune chef de bataillon assista aux grandes batailles soutenues et
livrées par cette armée, et notamment à celle d'Alboera, où il eut
un cheval tué sous lui.

M. Fraboulet était employé depuis plus de trois ans à l'armée d'Espagne, et sa bonne conduite lui avait valu le grade de
lieutenant-général (février 1813), lorsqu'il reçut l'ordre de se
rendre en poste avec le maréchal à la grande armée d'Allemagne. Le départ subit du duc de Dalmatie pour retourner en Es-

pagne ne lui permit pas de faire confirmer M. Fraboulet dans sa position d'aide-de-camp; aussi cet officier supérieur reprit-il son poste au deuxième régiment d'artillerie de marine dans lequel il venait d'être nommé major, et qui se disposait à marcher à l'ennemi.

A la bataille de Leipsig (18 octobre 1813), il venait d'avoir un cheval tué sous lui, lorsqu'il reçut lui-même un coup de biscaïen à l'avant-bras gauche; mais, malgré la gravité de cette blessure, qui le priva pendant plusieurs mois de l'usage de son bras, il ne consentit à quitter son poste qu'au mois de décembre, lorsque l'armée eut pris ses cantonnements sur la rive gauche du Rhin.

Sa blessure n'était point guérie, lorsqu'il apprit que l'armée ennemie avait passé le Rhin; aussitôt, laissant de côté toute considération personnelle pour ne songer qu'à son pays, il se hâta de rejoindre son corps.

A la bataille de Champ-Aubert (22 mars 1814), le comte Fraboulet de Villeneuve remplissait les fonctions de chef d'état-major dans la vingtième division militaire, faisait partie du sixième corps d'armée, et eut un cheval tué sous lui.

Revenu à Paris au mois d'avril suivant, il fut chargé, par le maréchal duc de Raguse, de réunir les militaires isolés de leurs corps, et de les former en bataillons de marche. Il s'était acquitté heureusement de cette mission que les circonstances rendaient très difficile, lorsque les événements qui surgirent bientôt après la rendirent inutile.

Les services que le comte Fraboulet avait rendus dans les campagnes d'Espagne, d'Allemagne et de France attirèrent l'attention du maréchal duc de Raguse, qui, dans des lettres pressantes et dont les termes sont très honorables pour cet officier supérieur, demanda pour lui le grade de colonel et la croix de commandeur de la Légion-d'Honneur. Les catastrophes de 1814 s'opposèrent à la réalisation de ces demandes, et pour toute récompense il reçut, lors de la première Restauration, la croix de Saint-Louis.

Au mois de septembre 1814, le lieutenant-colonel Fraboulet reçut ordre de rejoindre, à Toulon, le deuxième régiment d'artillerie de marine. On sait que les premiers mois de 1815 furent féconds en événements, et la Provence plus qu'aucune autre partie de la France en ressentit les effets. Les changements subits de gouvernements produisirent un grande effervescence dans les populations, par suite de laquelle la vie du général commandant la subdivision de Toulon fut gravement mise en péril. Le comte Fraboulet de Villeneuve fut assez heureux pour conjurer l'orage, et parvint, plus encore par la persuasion que par la force, à dissiper le rassemblement qui s'était formé dans l'hôtel du commandant et à sauver ainsi ses jours.

A cette époque de réactions politiques, dont tant d'officiers furent victimes, M. Fraboulet fut mis à la reforme ; mais, vingt mois plus tard, il fut appelé par la confiance du roi au commandement supérieur des troupes d'artillerie de marine stationnées à Rochefort. Nommé colonel le 9 mai 1821, il passa au commandement supérieur des troupes d'artillerie du port de Toulon.

L'année suivante, par suite de la création de deux régiments d'infanterie de marine, il fut placé à la tête du deuxième, celui de Toulon. Il le commandait depuis cinq ans, lorsqu'une nouvelle organisation fit passer une partie de ces troupes au département de la guerre. Par cette disposition, bien des intérêts se trouvèrent froissés ; mais, grâce à l'influence qu'il exerçait sur ses subordonnés et à l'attachement qu'il leur avait inspiré, cette mesure s'exécuta sans trouble. Et lors de l'examen de la comptabilité par le conseil d'administration du port, il fut constaté que pendant les cinquante-huit mois d'existence du deuxième régiment d'infanterie de marine, le total de ses allocations s'élevant à 976,593 fr., l'excédant de l'actif sur le passif était de près de 156,000 fr., ce que le conseil reconnut être le résultat de l'ordre, de l'économie et de la bonne direction que le chef avait imprimée à l'administration de son régiment.

A la suite de ces changements, le colonel se rendit à Paris aux ordres du ministre. Le maréchal Soult renouvela avec *instance* les demandes qu'il avait déjà faites pour lui du grade de maréchal-de-camp; mais elles ne furent pas mieux écoutées que par le passé.

Ce déni de justice et la crainte que lui inspirait le projet de loi sur les pensions engagèrent le colonel à demander son admission à la retraite, qu'il obtint au mois de mai 1831. Il comptait trente-neuf ans de services effectifs, qui, avec ses campagnes, s'élevaient à cinquante ans.

L'amiral de Rigny, ministre de la marine, lui envoya en ces termes son admission à la retraite :

Paris, 20 mai 1831.

« Monsieur le colonel,

»J'ai mis sous les yeux du roi la demande que vous avez formée de vous retirer du service, en raison de vos blessures, et je vous annonce que, par ordonnance du 11 de ce mois, Sa Majesté a bien voulu vous admettre à la retraite.

»L'ordonnance du 1er mars dernier ayant supprimé les grades honorifiques dans la marine, il m'est impossible de proposer à Sa Majesté de vous accorder celui de maréchal-de-camp. J'aurais été flatté, si cela eût dépendu de moi, de vous procurer ce témoignage de satisfaction pour les bons et honorables services que vous avez rendus dans le cours de votre longue carrière militaire; mais des motifs impérieux s'y opposent, et je ne puis que vous en exprimer mes regrets.

» Recevez, Monsieur le colonel, l'assurance de ma considération distinguée.

» Le ministre secrétaire d'État de la marine et des colonies,

» Le comte de RIGNY. »

Depuis lors, M. le comte Fraboulet de Villeneuve vit dans la retraite, où l'a suivi l'estime de ses chefs et de ses compagnons d'armes, entouré de cette considération que procure une réputation sans tache, et trouvant dans sa conscience le témoignage d'avoir bien servi son pays, malgré les injustices qu'il a éprouvées.

Imprimerie de Cosson, rue du Four-Saint-Germain, 47.

M. DE LA ROCHEFOUCAULD

DUC DE DOUDEAUVILLE.

Imprimerie de DELACOUR et MARCHAND Frères, rue de Sèvres, 94, à Vaugirard.

Dépôt à Paris, rue Saint Jacques, 80.

M. DE LA ROCHEFOUCAULD

DUC DE DOUDEAUVILLE.

L'origine de la maison de la Rochefoucauld remonte aux premiers temps de la monarchie capétienne. Foucaud, sire de la Roche, premier du nom, était contemporain de Hugues-Capet, et, sortait de la famille des Lusignan. Soutien de chacun des rois qui se sont succédé jusqu'à la révolution, cette famille a grandi avec la monarchie par les services qu'elle a su lui rendre; aussi garda-t-elle constamment la faveur qu'elle avait si dignement méritée; ses membres occupèrent les premières charges de la cour et de l'armée, et ne se rendirent pas moins recommandables par leurs vertus héréditaires et leurs munificences en faveur de nombreux établissements publics et religieux, que par leur courage et leurs talents.

Nous ne passerons pas en revue chacun des membres de cette illustre maison, à qui un grand nombre d'écrivains ont consacré de longues biographies, nous nous bornerons à rappeler la vie de M. le duc de Doudeauville, père du duc actuel, parce qu'il a été aussi notre contemporain.

Ambroise-Polycarpe de la Rochefoucauld, duc de Doudeauville, pair de France, chevalier commandeur des ordres du roi, grand d'Espagne de première classe par son mariage avec Bénigne-Augustine Letellier de Louvois, dame de Montmirail, naquit à Paris, le 2 avril 1765. A douze ans il terminait, au collége d'Harcourt, l'étude de la langue latine; à quatorze, il se mariait, et à seize il entrait en qualité de sous-lieutenant dans le régiment de Montmorency, où, à vingt-trois, il avait obtenu le grade de major. C'était l'époque où l'horizon politique commençait à se rembrunir; les États-Généraux allaient s'assembler; M. le duc de Doudeauville, gouverneur de la ville de Chartres, présida, malgré ses vingt-quatre ans, les premières assemblées électorales de cette ville; et lorsque les Etats-Généraux furent réunis, la noblesse encore séparée des deux autres ordres l'éleva à la présidence, afin de lui donner un témoignage de l'estime que lui avaient méritée ses vertus précoces.

Longtemps M. le duc de Doudeauville combattit l'émigration de tous ses efforts; il comprenait que sa place était au pied du trône; néanmoins, convaincu de l'impossibilité de sauver la monarchie, il émigra en 1790, et prit du service dans l'armée du prince de Condé, dans l'espérance de délivrer le roi. Mais, bientôt, ayant deviné les intentions hostiles à la France des armées étrangères, il quitta les émigrés, et se mit à voyager en Angleterre, en Suisse et en Allemagne. Il rentra en France en 1800, et resta néanmoins étranger aux affaires politiques, malgré les offres brillantes de l'empereur, qui aurait voulu s'attacher un nom aussi pur; il n'accepta que la présidence du conseil-général du département de la Marne, parce que, dans ces fonctions, qui n'avaient rien de politique, il pouvait se rendre utile à ses concitoyens, premier besoin de son noble cœur.

En 1814, pur de tout engagement, il prêta aux Bourbons l'appui de son expérience; nommé commissaire extraordinaire du Roi dans la 2ᵉ div. milit. à Mézières, et pair de France, il prit une

grande part aux travaux de la chambre, et le titre de chevalier
de Saint-Louis fut la récompense de ses efforts. Les Cent Jours
l'éloignèrent des affaires, mais il resta à Paris sans crainte, parce
que sa conscience était sans reproche. La seconde restauration
le trouva aussi pur et aussi dévoué que la première. Nommé
successivement inspecteur-général de la garde nationale du département de la Marne, président de la Commission chargée de
la réorganisation de l'école polytechnique, membre du conseil
d'instruction primaire du département de la Seine, membre du
conseil-général de l'administration des hospices de Paris, etc.,
il apporta dans chacune de ces fonctions le fruit de son expérience, de ses études, et laissa partout sur son passage les
souvenirs les plus honorables et les plus chers.

Louis XVIII, qui avait su apprécier les talents administratifs
du duc de Doudeauville, l'appela à la direction-générale des
postes; il serait difficile d'énumérer les améliorations qui marquèrent les trois années qu'il conserva ces fonctions importantes.
Le développement du commerce, le transport rapide des idées,
les progrès de l'instruction en ont été les heureux résultats, et,
sous ce rapport, la France entière devra de la reconnaissance à
celui qui sut les amener.

M. le duc de Doudeauville quitta la direction des postes pour
prendre le portefeuille de la maison du Roi. Jamais choix ne
fut ni mieux senti ni mieux justifié; car nul ne sut aussi bien
récompenser le mérite, soulager le malheur, encourager les
beaux-arts, protéger l'industrie, jusqu'au moment où une ordonnance imprudente, arrachée à la faiblesse de Charles X,
venant à licencier les 40,000 gardes nationaux de Paris, le
noble Duc, qui avait vainement combattu cette mesure, crut
devoir donner sa démission. Les trois fatales journées de juillet
prouvèrent combien avaient été justes ses appréhensions.

La révolution de 1830 affligea infiniment le noble pair, et l'on peut considérer cette époque comme le terme de sa carrière politique; cependant il participa encore aux travaux de la chambre haute, parla quelquefois, et notamment contre la proposition de M. Briqueville; mais, désapprouvant la direction imprimée aux affaires, il donna sa démission et rentra dans sa vie privée. Qui pourra être fâché de cette détermination, s'il considère le bien qu'elle lui a fait faire. Sa protection, son patronage, ses conseils, son active surveillance ne se sont jamais refusés à aucun projet honorable; et à peine trouverait-on dans notre époque une entreprise utile, une fondation de bienfaisance, une institution destinée à protéger les sciences, les mœurs, la religion, à secourir l'infortune, à soulager le malheur, à propager et développer l'instruction parmi la classe pauvre, qui ne le comptât parmi ses membres les plus actifs et les plus dévoués.

Il est mort à Montmirail, le 2 juin 1841, emportant avec lui les regrets de tous ceux qui l'ont connu, et escorté jusqu'au séjour des élus par les prières des pauvres qu'il soulagea toute sa vie.

M. le duc de Doudeauville fut un de ces hommes à qui la conduite toujours droite concilia l'estime et la considération générales; le seul peut-être qui, dans ces temps de troubles et de divisions politiques, n'ait jamais été attaqué par la presse, un homme enfin sur la tombe de qui on peut écrire, sans crainte d'être jamais démenti : *Ce fut un honnête homme.*

Comme M. le duc de Doudeauville doit hériter après la mort de sa mère, douairière, du titre de grand d'Espagne de première classe, dont elle a hérité de son grand-oncle, Louis-César Letellier, comte d'Estrées, on nous saura gré, avant d'entrer dans les détails de la vie de M. le duc de Doudeauville, de jeter un regard rétrospectif sur quelques-uns des membres de cette illustre maison, aujourd'hui éteinte.

La famille d'Estrées, maison illustre de France, était originaire de la petite ville d'Estrées en Cauchie, à quelques kilomètres d'Arras et de Saint-Pôl. Elle s'est divisée en un nombre infini de branches ; elle est aussi célèbre pour avoir donné le jour à la belle Gabrielle.

La maison d'Estrées a produit plusieurs personnages distingués ; nous ferons connaître ceux d'entre eux qui ont joué les rôles les plus importants.

François Annibal d'Estrées, père de Gabrielle, maréchal de France sous Louis XIII, fut ambassadeur à Rome, et y montra beaucoup de fermeté.

Jean, comte d'Estrées, fils du précédent, se distingua dans la marine sous Louis XIV, fut fait vice-amiral en 1670, puis maréchal ; battit l'amiral Byngs, à Tabago en 1677, et reprit cette île aux Hollandais.

Victor-Marie d'Estrées, fils du précédent, commanda les armées navales réunies de Louis XIV et de Philippe V en 1703, et contribua puissamment à assurer la couronne d'Espagne au petit-fils de Louis XIV ; il fut créé grand d'Espagne de première classe. Ce titre fut affecté sur sa terre de Doudeauville ; fait maréchal du vivant même de son père, il mourut sans postérité.

Le cardinal d'Estrées, né en 1628, mort en 1714, contribua, par son caractère conciliant, à pacifier l'Église, et mérita, par son esprit, d'être reçu membre de l'Académie.

Louis-César Letellier, comte d'Estrées, deuxième fils d'une sœur du maréchal Victor-Marie, devint aussi maréchal en 1756; il se distingua à la bataille de Fontenay (1745), commanda en chef en Allemagne, et battit le duc de Cumberland à Hastemberg (1756). Le nom d'Estrées s'éteignit avec lui en 1771. Il avait reçu le titre de duc en 1766, et la grandesse de son oncle, le maréchal Victor-Marie, qui avait passé d'abord à sa tante Rosalie d'Estrées, puis à sa mère la marquise Letellier de Courtanvaux, puis à lui, au détriment de son frère ainé, le second marquis de Courtanvaux. Il légua sa fortune et ses titres à sa petite-nièce Bénigne-Augustine-Françoise Letellier de Montmirail, duchesse de Doudeauville, qui épousa le fils unique du vicomte de la Rochefoucauld en 1779, elle jouit alors immédiatement des avantages à elle légués, par son grand-oncle le maréchal, duc Letellier d'Estrées, en prenant possession des honneurs du Louvre et du titre ducal, avec le nom de Doudeauville, parce que la grandesse des deux maréchaux d'Estrées était affectée sur la terre de ce nom.

Maintenant, le duc de Doudeauville actuel, son fils, dont nous nous occupons, est le seul représentant masculin pour hériter de la grandesse des deux derniers maréchaux d'Estrées.

A la liste des portraits que M. de la Rochefoucauld vient de publier, et que nous analyserons avec ses autres ouvrages, il devait naturellement en manquer un, celui de l'auteur; il est rare en effet que l'on se peigne soi-même. Ce n'est pas que sa franchise pleine et entière ne nous eut garanti la ressemblance, mais il est des choses que l'on n'aime à lire que dans sa conscience, et, dès-lors, le portrait n'aurait pas été rigoureusement exact; il n'eut pas été flatté, il eut été seulement incomplet. Nous allons essayer de combler cette lacune.

Sa taille est haute et bien prise, sa poitrine large; sa tête, d'un beau modèle, se détache bien de ses épaules, et, sans qu'il vous le dise, vous devinez, à la manière dont il la relève, que s'il a su commander, il a su être obéi.

A sa main nerveuse et déliée, vous comprenez qu'il est aussi capable de manier l'épée qu'habile à tenir la plume.

Sa physionomie est franche et ouverte comme son cœur, fine et caustique comme son esprit; ses yeux vifs et perçants vous pénètrent malgré vous, et lisent au fond de votre cœur vos sentiments et vos pensées, et toujours son regard fascinateur vous subjugue et vous attire.

Ses manières distinguées et tout l'ensemble de sa personne servent, plus que son nom, à vous dire l'illustration de sa naissance et la noblesse de ses sentiments; il a de la dignité, sans hauteur, et beaucoup de grâce sans affectation.

Il est sensible au malheur des autres, et s'empresse de le soulager. Riche ou pauvre, on peut frapper à sa porte, elle s'ouvre pour tous; il tient peu à la reconnaissance, mais l'ingratitude afflige son cœur.

L'habitude du monde lui a donné une certaine méfiance des hommes, aussi se tient-il sur la réserve, jusqu'à ce qu'il les juge dignes de sa confiance: mais, dès-lors, en abuser serait un crime, car il se livre à eux tout entier.

Plein d'affection pour ses amis, il ne saurait haïr, et il oublie les torts qu'on a eus envers lui aussi facilement que l'ingrat oublie les bienfaits.

Il veut la liberté et l'indépendance pour tous, et s'il aime à dire la vérité il aime à l'entendre; impassible à la louange, il est sensible à la critique, quand elle lui paraît injuste ou passionnée. Il rira facilement avec vous, si vous n'en voulez qu'à ses talents et à son esprit, mais il ne souffrira pas que vous attaquiez son caractère ou son honneur.

Doué d'une imagination ardente, il manque de persévérance, il fait tout ce qu'il doit, et non tout ce qu'il pourrait; son ambition est grande, mais elle repose sur l'amour de la patrie, et son zèle et son dévouement sont d'autant plus louables qu'ils sont désintéressés.

Il a du talent, et il est bien aise que vous le sachiez, afin de n'être pas obligé de vous le dire ; mais s'il a un peu de vanité, il n'a pas d'orgueil. Il vous parlera de ses ouvrages avec enthousiasme, sans jamais cependant chercher à influencer votre opinion, et il préférera même une observation franche et sincère, dût-elle blesser son amour-propre, à de fades compliments dictés par la flatterie.

Héritier de l'esprit d'observation qui caractérise sa famille, il a autant de pénétration d'esprit que de justesse de jugement. Il écrit avec une facilité extraordinaire, mais cette facilité nuit parfois, sinon à la clarté de la pensée, du moins à la pureté du style ; car il jette ses pensées sur le papier, sans jamais se donner ce qu'il appelle *le supplice* de les lire, et le désordre que l'on y remarque prouve assez l'état de son imagination.

Ceux qui l'ont entendu parler à la tribune se rappellent tout le charme que donnaient à ses discours son élocution fleurie, et le timbre de sa voix, qui est encore dans toute sa fraicheur (1) ; mais son éloquence était plus enchanteresse que persuasive.

Profondément religieux, quoiqu'il ne soit point bigot, sans qu'il soit même dévot, il se passionne pour tout ce qui élève l'âme au-dessus des misères de la terre ; la peinture et la musique ont trouvé en lui un protecteur aussi zélé qu'un connaisseur habile ; les lettres et la philosophie lui ont procuré d'utiles et agréables distractions. La politique est depuis longtemps un vaste champ livré à ses études ; il a passé en revue tous les systèmes de gouvernement ; il aime les royalistes éclairés dont

______

(1) M. Beugnot, ministre sous la restauration, fut si charmé d'entendre un jour M. de la Rochefoucauld, qu'il lui dit : « M. le vicomte, je donnerais cent mille francs pour avoir votre voix ; — et moi, reprit celui-ci, je donnerais le double pour avoir votre esprit. »

il partage les opinions, mais il respecte toutes les autres chez ceux qui les professent de bonne foi.

Sous des apparences légères et qui ont pu faire douter de ses ressources, M. de la Rochefoucauld a mûri des vues profondes et des projets importants ; son âme, fortement trempée, ne se laissa jamais abattre par un échec, il s'en consolait par l'espoir d'un prompt succès.

Accueilli avec faveur à la cour de deux rois, M. de la Rochefoucauld y apporta les manières d'un homme du monde accompli, les grâces et l'amabilité d'un galant chevalier, le dévouement d'un serviteur zélé ; il n'y joua jamais le rôle d'un courtisan flatteur ; car il y disait souvent de dures vérités.

Passionné pour le bien de son pays, bien plus encore que pour le triomphe de ses idées, il appelle de tous ses vœux une fusion franche de tous les partis, persuadé que dans cette fusion est le seul port qui puisse sauver la France, trop longtemps balottée sur la mer des révolutions. Quoique ayant beaucoup fait, il est du petit nombre de ceux qui n'ont rien à renier dans le passé, et qui, dans l'espérance de l'avenir, n'ont rien à changer au programme du présent.

Enfin M. de la Rochefoucauld est un de ces hommes dont on apprécie la loyauté, la franchise et le cœur, que l'on est fier et heureux de compter au nombre de ses amis.

Pour bien faire apprécier M. de la Rochefoucauld, nous faisons suivre cette esquisse d'une biographie détaillée.

M. de la Rochefoucauld, duc de Doudeauville, Louis-François-Sosthènes, fils du duc Ambroise-Polycarpe de Doudeauville, pair de France, etc., etc., et de Bénigne-Augustine-Françoise Letellier de Montmirail, duchesse de Doudeauville, douairière, commandeur de la Légion-d'Honneur, chevalier de plusieurs ordres, colonel depuis 1814, ancien aide-de-camp de Sa Majesté Charles X, ancien directeur-général des Beaux-Arts, ex-colonel de la 5ᵐᵉ légion de la garde nationale de Paris, etc., est né à Paris, le 29 avril 1785. Élevé à l'ombre des vertus du plus recommandable des pères, il reçut de bonne heure, avec une instruction solide, une éducation morale et religieuse, aux principes de laquelle il s'est toujours montré fidèle. Il entra dans le monde entouré de tous les prestiges que procurent un beau nom, une grande fortune, une physionomie heureuse, de l'esprit et des talents; aussi y brilla-t-il bientôt et y obtint-il des succès qui lui firent des envieux, sans pourtant lui enlever un seul ami. Il avait 22 ans lorsqu'il épousa, le 4 février 1807, mademoiselle Elisabeth de Montmorency, fille du duc Mathieu de Montmorency qui a été ministre des affaires étrangères, et de mademoiselle Hortense de Luynes, son épouse. Il a eu de cette femme vertueuse six enfants, qui furent long-temps l'objet de son bonheur et de son orgueil; mais la Providence, qui ménage des épreuves à ceux-là même qui lui sont le plus soumis, lui enleva, avec cette épouse adorée, quatre enfants, dont la perte cruelle affecta vivement son cœur, sans cependant énerver son courage, ni abattre son âme fortement trempée.

M. de la Rochefoucauld assista en simple spectateur à cette époque de notre histoire, que l'on appelle l'EMPIRE; son cœur tout français, comme celui de son noble père, applaudissait à la gloire de son pays, sans toutefois cesser de regretter la famille de cette grande victime dont on lui avait appris à apprécier les vertus. Aussi salua-t-il avec enthousiasme la restauration. Mais il faut le dire à son honneur, il ne s'associa jamais aux actes de despotisme qui marquèrent l'occupation de la France par les armées étrangères.

Tandis que le duc de Doudeauville était ministre de la maison du Roi, M. le vicomte de la Rochefoucauld fut nommé, par ordonnance de Louis XVIII, directeur général du département des Beaux-Arts. Il sut, dans cette position, rendre de véritables services aux arts et aux lettres. Les manufactures royales lui durent des perfectionnements notables, les musées, des augmentations considérables, les théâtres, des améliorations utiles. Cependant on peut lui reprocher de s'être trop attaché aux détails. Naturellement bon et généreux, il se montra toujours le protecteur zélé des artistes malheureux, et il parvint à faire presque doubler les fonds consacrés aux pensions des gens de lettres. La reconnaissance de ceux qu'il obligea fut toujours pour lui la plus douce récompense du bien qu'il aimait à faire. Profitant de la grande influence que sa position lui permettait d'exercer sur les artistes, il sut en profiter pour faire du bien ; c'est ainsi que le premier il eut l'idée de ces concerts gratuits improvisés par la charité des artistes, pour venir aux secours des malheureux. Réélu trois fois député par le département de la Marne, où le souvenir de son père vivra éternellement, tant il y a fait de bien, M. de la Rochefoucauld porta à la Chambre cette indépendance de caractère qui l'a toujours distingué. Sa conscience et le bien de son pays furent en toute occasion les seuls guides de sa conduite politique; et si quelquefois il s'est trompé, on peut dire, sans crainte d'être démenti, qu'il s'est trompé de bonne foi. Autant que personne il sentait la nécessité d'une fusion sincère des partis, et il y travailla de tous ses efforts, soit par la modération de ses opinions, soit aussi par la fermeté de son caractère, qui lui faisait souvent dire aux rois des vérités qui eussent peut-être évité de grands malheurs, si elles n'eussent pas été méconnues. Doué d'un organe agréable, il n'apporta pas à la tribune cette éloquence entrainante des grands orateurs, mais il se faisait néanmoins écouter avec plaisir, soit par la justesse de ses observations, soit par le charme de son élocution vive et animée.

M. de la Rochefoucauld fut nommé colonel de la 5e legion de la garde nationale de Paris. Il s'en occupa avec une sollicitude si grande, que bientôt elle fut une des plus belles de la capitale et une des plus exactes au service. Père de ses soldats dans la vie privée, il était sous les armes chef aussi sévère que juste. Ce fut avec un vif regret, qu'en 1827, il vit licencier cette milice citoyenne qui, pendant quarante ans, avait décidé des destinées de la France. Cette mesure impolitique, conseillée à Charles X, peut être, avec raison, considérée comme une des causes de la chûte de cette antique dynastie.

Les services que M. de la Rochefoucauld avait rendus à la restauration, le zèle avec lequel il la défendait, lui avaient attiré l'estime et la confiance de Louis XVIII; ce prince l'avait appelé au département de l'Intérieur, sous le ministère Villèle; mais le peu d'ambition de M. de la Rochefoucauld lui fit refuser ce portefeuille, pour rester attaché à la maison du Roi, toujours en qualité de directeur général des Beaux-Arts.

M. de la Rochefoucauld a publié plusieurs brochures avant et depuis la révolution de juillet. L'une d'elles lui valut les honneurs de la prison, où il se fit aimer et respecter de ses co-détenus, sans distinction, ni de position, ni d'opinion.

Il est auteur d'un livre de pensées moins amères, sans doute, que celles de M. le duc de la Rochefoucauld, qui n'accordait, aux actions humaines, d'autre mobile que l'intérêt ou l'amour-propre; mais elles ne sont pas toutes d'une justesse rigoureuse et d'une assez haute portée, et quoique la plupart d'entre elles soient consolantes et nous réconcilient avec l'humanité, il en est dans le nombre qui attristent l'âme, en mettant à nu les misères du cœur humain. On regrette, en les lisant, que l'auteur se soit parfois plus occupé de la pensée que du style ; cependant il faut dire, pour être juste, que dans ce recueil de pensées, que nous avons méditées avec recueillement, il en est d'heureuses, d'élevées, de touchantes ; il en est de noblement senties, d'élégamment exprimées ; il en est qui révèlent l'homme religieux, l'homme d'honneur surtout ; il en est qui respirent un certain parfum de galanterie, de loyauté, de délicatesse qui caractérisent l'auteur. Quelques-unes de ces pensées, prises au hasard, justifieront le jugement que nous portons sur ce livre :

3.

Les regrets que laisse le bonheur, sont encore une jouissance.

4.

Le monde a le même effet sur la jeunesse que le soleil sur les plantes ; il les alimente ou les dessèche.

7.

Rien ne remplace dans le cœur l'enfant qu'on a perdu.

16.

On s'évite des mécomptes en trouvant la récompense du bien que l'on fait, dans le seul motif qui l'a fait entreprendre.

42.

Il est fâcheux pour nos amis que nous ayons été trop gâtés par des indifférents.

46.

On excuse ordinairement chez les autres les défauts que l'on croit avoir, tandis que l'on se montre d'une extrême sévérité pour ceux qu'on ne s'avoue pas.

56.

L'honneur purement humain ne résiste pas à toutes les épreuves.

57.

Il n'y a de mérite à donner que lorsqu'en donnant on se prive.

60.

La modestie ajoute au mérite et fait pardonner la médiocrité.

82.

Les Juifs sont une médaille déposée dans les archives du monde, pour y consacrer les vérités qu'ils nient.

85.

Le jour où l'on n'aime pas davantage, on aime moins.

117.

On préfère trop souvent à l'estime des flatteries inspirées par l'intérêt.

118.

Se vanter d'un service rendu, c'est perdre ses droits à la reconnaissance.

124.

La Rochefoucauld, en donnant l'amour-propre pour mobile à tous les sentiments, a calomnié les cœurs vertueux.

186.

Les passions se présentent armées de toutes pièces, et l'homme sans religion marche au combat sans défense.

208.

Consentir à avoir tort, c'est se donner souvent raison.

252.

Pour être innocent du mal que l'on a causé, il faut le réparer dès qu'il nous est connu.

356

Evitez les trois quarts du chemin à l'ami qui revient.

441.

L'étude est le garde-fou de la jeunesse.

503.

Une femme s'afflige du malheur que causent ses refus, tandis que ses remords sont trop souvent un triomphe pour celui qui les cause.

575.

Une vieille coquette ne fait plus qu'elle de dupe.

586.

Un serment inutile à demander à qui le respecte, est plus inutile encore pour celui qui le brave.

En 1837, M. de la Rochefoucauld publia ses mémoires en 5 volumes. Cette publication, qui, au premier coup-d'œil, pourra paraître prématurée, ne le sera pas pour ceux qui liront dans la préface les motifs qui ont décidé l'auteur à la faire de son vivant. Il y a d'ailleurs quelque chose de grand et de loyal à ne pas mettre ses pensées, ses opinions et ses actes à l'abri d'une tombe ; et il y a aussi un très-grand mérite à parler de ses contemporains en face de ses contemporains, car de plus que la vérité on leur doit des égards ; et ceci est très-difficile ; sous ce rapport, néanmoins, l'auteur s'est montré scrupuleux observateur de cette étiquette de tact et de bon goût.

M. de la Rochefoucauld avait été mêlé à toutes les affaires de la restauration, dont il a été un des acteurs les plus influents ; honoré de la confiance des deux rois qui ont régné pendant cette période de 16 ans, il a été, autant que personne, à même de juger non-seulement les actes, mais aussi les intentions qui les ont dictés. Avant la révolution de 1830, et depuis surtout, une côterie qu'il est inutile de nommer, pour la faire connaître, avait pris à cœur d'incriminer les moindres actions de la famille de cette antique dynastie, que l'on s'est efforcé de rendre odieuse à la nation. M. de la Rochefoucauld, dont le zèle et le dévouement aux Bourbons n'ont jamais fait de doute pour personne, a conçu le noble projet de défendre avec sa plume, comme il l'eût fait avec son épée, la restauration injuriée, calomniée par la presse et par les pamphlets, et de venger la mémoire de deux rois dont on a méconnu les vertus, et dont les fautes ne furent jamais des crimes. Or, pour atteindre son but, il a pensé avec raison que rien ne pourrait y contribuer d'avantage que de dire tout haut et à tous la vérité sur cette période de notre histoire, que beaucoup de personnes n'ont étudiée que dans des ouvrages passionnés, où les faits ont été tronqués par les auteurs, afin de s'en faire un passeport à la faveur du pouvoir nouveau.

Méthodique dans l'exposé des faits, M. de la Rochefoucauld a divisé ses mémoires ou plutôt l'abrégé de ses mémoires, car il n'en a publié que les matériaux les plus importants, en quatre parties, comprenant chacune une période de ce quart de siècle qui s'est écoulé depuis 1814 jusqu'en 1837.

La manière dont l'auteur s'est effacé dans ses mémoires, ne nous permet pas de supposer qu'une idée d'amour-propre soit entrée pour rien dans cette publication.

Dans la première, c'est-à-dire, de 1814 à 1820, il a passé en revue les faits marquants qui ont été le résultat de la mise en action de la charte constituante mélangée et viciée, des deux principes de souveraineté monarchique et de souveraineté du peuple, mise en action par les doctrinaires au milieu des troubles, des dangers, des catastrophes sanglantes.

Dans la seconde, de 1820 à 1827, il nous montre la prospérité, la gloire de la France dirigée par les royalistes, qui exécutaient, dans l'esprit de la monarchie, la charte qu'ils avaient dû accepter loyalement.

Dans la troisième, de 1827 à 1830, il nous peint la royauté amenée, de concessions en concessions aux exigences d'une faction déguisée sous le voile de la liberté, à défendre le principe monarchique de la charte de 1814 contre les prétentions du principe populaire, également inscrit dans la même charte, et entraînée dans une lutte armée dans laquelle elle succombe.

Dans la quatrième enfin, de 1830 à 1837, il examine les développements et les effets de la révolution sous l'empire de la nouvelle Charte constituante, doctrinaire, populaire et monarchique de 1830.

Ces mémoires, dont l'authenticité n'a pas été contestée, sont désormais acquis à l'histoire. On y puisera des renseignements importants sur cette période qu'ils embrassent, mais principalement sur les premiers moments de la restauration. L'auteur, qui y a montré à nu les sentiments de son cœur et les ressources de son esprit, y fait preuve d'autant d'indépendance que d'élévation de caractère, d'un amour sincère et ardent de son pays; il y développe des vues hardies autant que généreuses, et y donne des conseils qui révèlent autant de prudence que de sagesse.

M. de la Rochefoucauld entreprit, au mois de mars 1839, un voyage à Goritz, dont il a publié la relation sous le titre de *Pélerinage à Goritz*. Nous empruntons à son avant-propos les lignes suivantes, qui expliquent les motifs qui ont déterminé l'auteur à faire ce voyage :

« La situation embarrassée des affaires, la marche inquiétante et rapide des événements, l'anarchie des partis et enfin les inextricables difficultés dans lesquelles le pouvoir venait de s'engager, me faisaient sentir la nécessité de hâter ce voyage. Je l'avais projeté depuis longtemps, et je craignais de ne pouvoir l'exécuter plus tard; car les événements, quand ils se présentent, saisissent les hommes et les entraînent dans des phases dont ils ne sauraient calculer la portée. »

« On dira peut-être que, mécontent du présent, j'ai voulu interroger l'avenir, et voir par moi-même si l'exil ne recélait pas les espérances qui avaient pris leur vol hors de la France! Je ne repousserai pas cette supposition; ma dénégation ne pourrait convaincre ceux qui auraient cette pensée, et, dans un ouvrage où je fais profession de véracité, je ne veux pas que ma franchise puisse être l'objet d'un doute. »

Après avoir ainsi exposé les motifs de son ouvrage, M. de la Rochefoucauld explique en ces termes ceux qui l'ont décidé à nous en donner la relation :

« De retour à Paris, le cœur plein d'espoir et de bons souvenirs, j'ai été pressé de questions par des hommes de toutes les opinions; et l'intérêt que l'on prenait à mes récits m'a fait considérer comme un devoir de publier, avec la plus scrupuleuse fidélité, tout ce que j'ai fait et vu, tout ce que j'ai dit et entendu à Goritz. Je ne prétends imposer mes opinions à personne, mais il est temps que les rancunes s'effacent, que les preventions se dissipent, et qu'on sache enfin qu'il n'a jamais existé une cause réelle de division entre les royalistes; il est temps aussi que l'on connaisse tout ce qu'il y a de générosité, de grandeur et d'oubli du passé chez des princes indignement calomniés; il est temps enfin que la France voie clair dans ce lieu où tant d'intérêts ont accumulé les ténèbres. »

Il eut été impossible de peindre, nous ne dirons pas avec plus d'esprit, parce que l'esprit se tait quand le cœur parle, mais avec plus de sentiment et d'onction, ces pages dans lesquelles M. de la Rochefoucauld nous fait assister à ces entretiens aussi nobles que généreux des exilés de Goritz; ces pages où il nous peint l'air de dignité et de grandeur qui s'est abrité sous l'humble asile de cette antique dynastie; ces pages enfin qui donnent tant de belles espérances, que l'on ne peut les lire sans verser des larmes de bonheur.

Indépendamment de ces ouvrages, M. de la Rochefoucauld a publié dans divers journaux des articles destinés à défendre les intérêts de son pays, ses droits et ses libertés ; et si jamais il ne s'est laissé dominer par aucune côterie, il n'a non plus jamais basé sa conduite politique sur des considérations personnelles.

A l'exemple de son regrettable père, M. de la Rochefoucauld comprit de bonne heure cette belle maxime : *noblesse oblige ;* il comprit l'usage qu'il devait faire de sa position, de son temps et de sa fortune ; et il ne manqua jamais à ses obligations. Il dirige, depuis plus de trente ans, l'établissement des écoles gratuites des frères de la doctrine chrétienne, au Gros-Caillou, fondé par madame la marquise de Tranz, sa tante. Cet établissement, fondé pour trois frères, en compte aujourd'hui une dizaine ; de plus il y a organisé une école du soir pour les adultes, et une autre pour les soldats. Au moment du choléra, qui fit dans ce quartier d'horribles ravages, grâce aux soins assidus de M. de la Rochefoucauld, huit enfants seulement sur quatre cents en furent atteints, et encore n'eut-on à déplorer la perte que de quatre d'entre eux.

Il est président de plusieurs sociétés savantes et industrielles, dans lesquelles il se fait remarquer par son érudition, la sagesse de ses conseils, la parfaite entente des affaires et l'économie qu'il sait y apporter. Désireux de prêter à chacune de ces sociétés un concours utile, il a dû refuser plusieurs autres présidences, dans l'impossibilité où il eût été de s'en occuper convenablement. Il est membre de plusieurs sociétés pieuses et charitables créées en faveur des ouvriers, dans lesquelles il apporte, avec les aumônes du riche, les paroles et les consolations du père.

En 1840 M. de la Rochefoucauld a épousé, en secondes

noces, madame ANGÉLIQUE-HERMINIE DE LA BROUSSE DE VER-
TEILLAC, veuve de M. le comte DE BOURBON-CONTI.

Cette dame vraiment distinguée, dont nous avons cru reconnaître le portrait aux premières pages du deuxième volume des esquisses a offert à M. de la Rochefoucauld, par le
rare assemblage de ses qualités et de ses vertus, les plus
douces consolations après les plus rudes épreuves.

Le dernier ouvrage de M. de la Rochefoucauld est intitulé
Esquisses et Portraits ; deux volumes ont déjà paru, et ils seront
bientôt suivis d'un troisième. Sous ce titre piquant par lui-
même, l'auteur nous a annoncé la peinture de cette société
dans laquelle il a vécu d'une manière active depuis près de
quarante ans; et l'on comprendra combien la curiosité a dû
être piquée à l'annonce de cette publication. On s'attendait en
effet à voir des portraits frappants de ressemblance; car les
modèles avaient longtemps posé devant le peintre, et il avait
eu le temps de les étudier sous toutes les faces : quelle que
soit l'opinion du lecteur, ses préventions ou ses préjugés, soit
qu'il condamne ou qu'il approuve l'ouvrage de M. de la Rochefoucauld, ce qu'il ne pourra contester, du moins, c'est l'éton-
nante facilité de l'auteur; sa plume habile semble se faire un
jeu des difficultés du sujet; sous des formes légères, il a parfois
de ces éclairs lumineux qui suffiraient pour faire un portrait.
Véritable caméléon, son style se plie sans contrainte à toutes
les exigences de son esprit : concis et piquant, quand il veut
d'un seul trait peindre un homme, il est tour-à-tour aimable
et enjoué, triste et rêveur, tendre et mélancolique, ardent et
passionné, selon le caractère de chacune des femmes qu'il met
sous les yeux du lecteur; il se fait pardonner ce qui manque
parfois à sa pensée de solide et de profond, par la grâce et
l'élégance, la finesse et le charme avec lesquels il dit les moin-

dres choses. Littérairement parlant, ce dernier ouvrage est de beaucoup supérieur à tout ce que nous avons vu de M. de la Rochefoucauld. Il y a des imperfections sans doute, mais elles sont en petit nombre, et les beautés, que l'on y rencontre souvent, les font bientôt oublier.

L'éditeur qui s'est chargé, dans sa préface, de nous expliquer les motifs de la publication des portraits de M. de la Rochefoucauld, a voulu aussi nous faire pressentir les résultats qu'il en attend. Il espère, dit-il, des réactions. Quelque ressemblants qu'ils soient, quelque juste qu'ils frappent, c'est leur accorder beaucoup plus d'importance qu'à la presse quotidienne qui, elle aussi, nous a fait bien des fois le portrait de nos hommes d'état, sans obtenir de réaction. Ce serait également se faire illusion que de penser que, grâce aux esquisses et aux portraits du duc de Doudeauville, la haute aristocratie pourra être connue et appréciée de notre bonne nation, et que celle-ci saura enfin ce qu'il y a de grâces, de vertus, de mérite et de bienfaisance dans ces grandes dames qu'elle ne voit qu'à travers d'injustes et mesquines préventions. Nous applaudissons à la noble intention de l'auteur, qui, dans son amour de la patrie, a conçu l'espoir de rallier la France entière à ses sentiments généreux ; mais nous n'osons pas croire à la réalisation de ce beau rêve ; et, d'ailleurs, grâce à l'œuvre persévérante des niveleurs du siècle, il y a longtemps que la nation a pu connaître et apprécier la haute aristocratie ; et quand elle ne la connaîtrait pas, ce ne serait pas un service à lui rendre que de la lui faire connaître, si l'on ne voulait lui en rien cacher. L'aristocratie est au peuple, ce qu'est un livre de morale que l'on met dans les mains de la jeunesse : il faudrait lui en interdire la lecture, si au milieu des maximes pures il en était une seule qui pût gâter son cœur. Or, tout en avouant qu'il y a dans beaucoup de salons cette élégance et ce bon ton que les traditions y conservent ; qu'il y a dans beaucoup de familles des vertus précieuses que le sang et l'exemple y perpétuent, n'est-il pas vrai aussi de dire qu'il en est d'autres où cette élégance et ce bon ton ne servent qu'à déguiser des mœurs malheureusement trop relâchées ; et pour un grand nombre de nobles dames à qui nous sommes heureux de reconnaître autant de grâces que de vertus, autant de mérite que de bienfaisance, combien n'en est-il pas qui n'ont ni grâces ni vertus, ni mérite ni bienfaisance, et à qui on pourrait, avec raison, appliquer ces lignes sanglantes, par lesquelles un homme du monde (1), plus noble encore par les sentiments que par la naissance, a voulu flétrir la débauche scandaleuse et funeste de certaines femmes illustres :

« Ne craignez rien, Adine, entourez-vous d'une espèce de
» cour, donnez à chacun des espérances, allez seule avec des
» hommes au bal et au spectacle, recevez-en à une certaine
» heure, et à cette heure que votre porte soit interdite au reste
» des humains ; faites aussi des parties chez les gens qui donnent
» à manger, dans des lieux écartés, dans des appartements se-
» crets, et là, passez les soirées et les nuits même ; oubliez toute
» réserve, toute décence ; prenez Charles, quittez-le pour Ju-
» lien ; reprenez-le ensuite, ayez-les ensemble, le même jour et
» presqu'à la même heure ; donnez encore dans de plus grands
» excès, et réalisez ce qu'on ne croit pas des Messaline et des
» Julie sur la foi des Tacite et des Suétone ; déguisez-vous, allez
» le soir au coin des rues, mêlez-vous parmi les prostituées,
» passez les nuits dans la plus effrénée débauche, et le matin, en
» rentrant fatiguée et non assouvie, faites monter dans votre

(1) M. le Vicomte de la Tour-du-Pin Chambly. (*Caractères et Réflexions morales*, page 26 et suivantes.)

» carosse un bel homme qui passe dans la rue ; tout vous est per-
» mis, Adine on ne le croira point ; on vous verra, on vous re-
» cherchera ; il sera du bon air d'être reçu dans votre maison ;
» on se vantera d'y aller ; et les jours où vous recevrez, on verra
» trois cents voitures à la porte de votre hôtel ; mais il faut
» expliquer ce mystère, Adine : votre sang est illustre, ou votre
» fortune est grande. »

Nous serons francs et sincères, envers M. de la Rochefoucauld ;
car nous savons que s'il aime à dire la vérité, il aime aussi à l'entendre. Ses portraits ne peuvent pas donner une idée assez exacte de
l'aristocratie : d'abord, parceque l'aristocratie ne se reflète pas
tout entière dans les quelques portraits qu'il nous en a faits, et
ensuite, parce qu'ils ne sont pas tous d'une ressemblance tellement frappante qu'elle ne puisse être contestée quant à certains.
Dans ceux des hommes, nous avons parfois cru trouver quelque
partialité, et nous avons regretté que l'auteur, indépendant
par son caractère comme par sa position, ne se soit pas toujours élevé au-dessus des hommes et des choses ; car, de même
que nous l'avons trouvé indulgent pour ses amis, nous l'avons
trouvé quelquefois sévère pour ceux qui ne le sont pas. On peut
remarquer que le noble Duc n'a pas écrit tous ses portraits de la
même manière ; que pour les uns il a suivi les inspirations de son
cœur, et que pour les autres il n'a eu recours qu'aux ressources
de son esprit. Et cependant hâtons-nous de dire que sa franchise,
sa loyauté, sa générosité même ne nous permettent pas de penser
que son cœur ait été complice de l'injustice de son esprit ;
et d'ailleurs les mêmes hommes sont jugés si différemment, que
notre critique, vraie aux yeux de certaines personnes, paraîtra
peut-être tout-à-fait fausse à beaucoup d'autres.

Parmi les portraits des hommes politiques que nous ne croyons pas rigoureusement parfaits sous tous les rapports, nous citerons celui du duc de Bordeaux, dans lequel nous trouvons de l'exagération ; nul n'est parfait dans ce monde, à aucun âge et dans aucune condition, et à dix-huit ans (1) moins que jamais. Nous aimons trop sincèrement ce prince pour ne pas l'avertir de ne pas prendre à la lettre toutes ces flatteries, et nous regretterions, si du reste nous n'étions convaincus de sa prudence et de sa sagesse, qu'à peine arrivé sur l'horizon de la politique, Henri ne reçut que des louanges d'hommes à qui l'expérience devrait avoir appris à ne lui donner que des conseils ; quant à ceux du duc de Blacas, du duc de Bellune, de M. de Corbière, du duc de Montmorency, du comte de Montbel, de M. de Peyronnet, nous ferons un reproche général à l'auteur de leur peu d'étendue. Bien qu'il ait rendu justice à ces grands acteurs de notre histoire contemporaine, il y avait encore à dire, pour les bien faire apprécier des générations futures, car leur existence politique a eu, sur les destinées de la France, une influence autrement grande que celle de nos dames sur les vertus et le mérite desquelles il a trouvé assez de choses intéressantes à dire, pour en remplir plusieurs pages. Le souvenir de la longue et honorable carrière du maréchal Victor, cet autre Bayard sans peur, parce qu'il était sans reproche, peut inspirer de nobles réflexions ; M. de Montbel, exilé en Autriche, et consacrant, par un sentiment d'exquise et noble délicatesse, les heures de l'exil à écrire la vie du duc de Reischtad, cet autre exilé de France, offrait à l'écrivain une belle page à écrire ; et M. de Peyronnet, se consolant, en écrivant l'histoire des Francs, de la rigueur d'une détention qu'il ne devait qu'à un sentiment d'honneur, ne devait pas être peint dans les étroites proportions d'une miniature. Le portrait

(1) M. le duc de Bordeaux avait dix-huit ans, lorsque M. de la Rochefoucauld a écrit son portrait.

de M. Berryer, vrai sur bien des points, nous a paru sévère en quelques autres ; grâce au ciel, M. Berryer n'est pas encore arrivé à ce degré d'affaiblissement, que ses adversaires naturels ne le craignent plus, et nous n'en voudrions d'autre preuve que la destitution du général Piré ; il a encore et il aura, tant qu'il voudra, des séïdes et des partisans ; les ovations qu'on lui a faites partout où il s'est arrêté, lors de sa dern'ère élection, et l'empressement des électeurs à donner un démenti au pouvoir qui avait voulu le flétir, en sont des témoignages irrécusables ; son silence sur certaines questions est un malheur, sans doute, mais le souvenir de ses efforts doit disposer à l'indulgence et faire dire avec Horace :

. . . . *Quandòque bonus dormitat homerus.*

M. de la Rochefoucaud rend justice à M. de Brézé, à l'exception de cette hésitation dont il prétend que ses amis se défient, mais que nous ne lui reconnaissons pas. M. le marquis de Dreux-Brezé a toujours été considéré comme un très-redoutable adversaire, et nous croyons qu'il a été bien compris par M. Nettement, qui l'a peint par ces deux mots : *En avant ! et la tête haute !*

Si M. de la Rochefoucauld eût rendu plus de justice à M. Dupin, comme orateur et comme légiste, son portrait eût été parfait, car rien ne pourrait mieux peindre la versalité d'esprit, l'ambition, la vanité de celui qui a fait écrire sur une tombe : A LA MÈRE DES TROIS DUPIN.

En lisant l'article sur M. de Lamennais, nous avons cru lire une nouvelle lettre encyclique semblable à celles du 15 août 1832 et du 25 juin 1835, que le pape Grégoire XVI fulmina contre l'apôtre des peuples que l'on accusait : de *méchanceté sans retenue,* de *science sans pudeur,* de *licence sans bornes,* et contre ses doctrines qui y étaient condamnées comme *fausses, calomnieuses, téméraires, conduisant à l'anarchie, contraires à la parole de Dieu, impies, scandaleuses, erronées, etc.* Nous comprenons l'indignation d'un cœur religieux, qui sent la nécessité de la foi, contre tout ce qui peut porter atteinte à ses croyances, mais nous eussions applaudi à la générosité de M. de la Rochefoucauld, s'il eût jeté le manteau de la charité sur le prêtre égaré qui, malgré sa défection et ses erreurs, n'en restera pas moins un des plus grands génies de son siècle.

Il y a beaucoup de vrai dans les portraits de MM. Thiers et Guizot; mais on ne sait trop pourquoi il nous semble que l'auteur a beaucoup plus ménagé le dernier.

Indépendamment de ses portraits, M. le duc de Doudeauville a fait quelques types, savoir : *l'Artiste, la Femme auteur, le Diplomate, le Juste-milieu, le Jésuite, le Prêtre, le Républicain.* Nous avons remarqué comme les mieux saisis ceux de *l'Artiste,* de *la Femme auteur,* du *Diplomate.*

On voit que, s'il a mieux réussi dans ces esquisses, c'est qu'il était libre. Il n'en est pas de même pour le *Royaliste ;* il le peint avec des couleurs si séduisantes, il lui prête des sentiments si élevés, des vertus si sublimes, que l'on est obligé de convenir qu'il est peu de vrais royalistes; mais s'il peint un *juste-milieu,* il lui prête un gros ventre, une physionomie vermeille, des mains rebondies, des pieds longs et larges, un front étroit, etc., etc. ; il en fait une machine obéissant aveuglément aux ordres partis du *banc des douleurs,* et soumettant au bon plaisir du pouvoir, principes, opinions, honneur, indépendance de la France, tout enfin, excepté son intérêt; le *Républicain,* sauf quelques heureuses exceptions auxquelles il rend pleine justice, il se demande s'il doit le prendre parmi ces hommes sans conviction, qui se font un espoir du meurtre et du pillage, et qui, pour arriver à leur but, ne respectent rien, rompent tout frein et brisent les obstacles qui les arrêtent ; ou bien parmi ceux dont la mission occulte est de conspirer contre tous les gouvernements ; ou bien encore parmi les esprits étroits et les cœurs intéressés, qui mettent leur conscience à l'enchère ; et enfin parmi ces individus qui, ne possédant rien, réclament le partage des propriétés, pour posséder quelque chose. M. de la Rochefoucauld aurait pu être plus indulgent pour ces deux dernières opinions, bien qu'il ne les partage pas.

Le prêtre et le jésuite sont deux portraits dont les originaux sont rares ; c'est le beau idéal de ces deux types. Sans doute il est beaucoup de prêtres vénérables dont les vertus sont au-dessus de tous les éloges ; mais après avoir peint le côté sublime du prêtre, qui comprend sa mission divine, il fallait achever le portrait, en stygmatisant les fautes et les crimes de ceux qui, oubliant le caractère sacré dont ils sont revêtus, ont fait dou-ter des vérités de la foi, et ont, par leur exemple funeste, porté le plus rude coup à la morale et à la religion. De même après avoir célébré le vaste savoir, l'érudition profonde, les mœurs irréprochables, l'obéissance passive, l'abnégation sans bornes, le dévouement sublime du disciple zélé de Jésus, il eût été nécessaire, pour n'être pas taxé de partialité, de nous le peindre aussi dominé par l'ambition la plus grande, cher-chant, par des moyens occultes, à exercer une influence fu-neste sur les peuples et sur les rois...

Nous croyons bien compris et bien rendus les portraits des personnages suivants : Abd-el-Kader, Barbé-Marbois, Ballanche, Charles X, baron Charles Dupin, Fouché, Genoude, Louis XVIII, de Lamartine, comte Molé, Royer-Collard, Talleyrand, Wel-lington.

Quant aux portraits de femmes, notre tâche sera facile,

puisque, à l'exception de très-peu d'entre eux, l'auteur nous dit qu'ils sont moins le portrait de telle dame que la peinture de la société aristocratique, et ils échappent ainsi à notre appréciation; toutefois nous avons trouvé trop indulgent celui de madame GEORGES SAND, que nous regardons comme un très-grand écrivain, mais dont les doctrines, qu'elle a mises en pratique, seront toujours pour nous un sujet de blâme, et nous ne pousserons jamais la galanterie jusqu'à leur trouver des excuses. RACHEL est une grande actrice, sans doute; mais nous ne la canoniserons pas. Le portrait de MADEMOISELLE est un peu flatté, mais du reste il est bien; celui de JULIETTE, madame R★★★, dans lequel chacun reconnaîtra madame Récamier, est, de tous, celui qui nous a paru le mieux senti; s'il faut en croire l'opinion publique, DONA FRANCESCA aurait été saisie admirablement. Quand au premier portrait du deuxième volume, il était inutile de mettre des initiales à ce nom. Il est écrit avec trop de bonheur et d'amour, pour n'y pas reconnaître l'épouse adorée du plus fortuné des mortels. Heureuse mille fois la duchesse dont les perfections peuvent inspirer de si délicieuses pensées! Plus heureux encore le duc qui a eu le bonheur de les apprécier, et l'auteur qui les a si bien dites!! Jamais on ne put mieux appliquer ces deux vers de Boileau :

> « Ce que l'on conçoit bien s'énonce clairement,
> « Et les mots pour le dire arrivent aisément. »

Nous applaudissons de tout notre cœur à la justice que M. de la Rochefoucauld a rendue à madame la marquise de Brézé. Noble et digne compagne du plus zélé comme du plus ferme défenseur de la dignité nationale, elle semble n'avoir été épargnée, au milieu des épreuves cruelles que la Providence lui a envoyées, que pour être la consolation et le soutien de ceux qui souffrent autour d'elle. Si elle n'a trouvé sur la terre qu'une vallée de larmes, que de félicités l'attendent dans le ciel!

En lisant le portrait sincère de madame Zoé, comtesse du Cayla, nous nous sommes rappelé cette femme *dévouée* dont la conduite et les intentions ont été cruellement calomniées, à l'époque où la confiance d'un roi et les services désintéressés qu'elle lui rendait, attirèrent sur elle et sur ceux qu'elle aimait l'envie et son hideux cortége. Il y aurait quelque chose de chevaleresque, s'il n'y avait pas de la justice à se faire le défenseur de cette femme spirituelle, aimable, charmante et dévouée, si longtemps méconnue; et nul ne pouvait mieux se charger de cette noble tâche, que celui qui s'honora toujours d'être son meilleur ami. Quant aux autres, véritables tours de force en fait de galanterie, de coquetterie, de grâce, de délicatesse et d'amabilité, nous ne savons si ce sont des portraits flatteurs sans être flattés, ou bien des portraits trop flattés pour qu'ils soient flatteurs. Cependant, s'il nous est permis de porter un jugement du connu sur l'inconnu, nous ne craignons pas de dire que l'auteur, malgré ses cheveux gris, n'ayant pas besoin de fouiller bien avant dans ses souvenirs pour y trouver des succès, vise encore à plaire, et qu'il a, sans s'en douter, subi l'influence de ces tailles imposantes et souples à la fois, de ces sourires gracieux et enchanteurs, de ces yeux tendres ou pétillants d'esprit, de ces cheveux longs et soyeux, qu'il semble ne s'être plu à faire passer devant ses lecteurs que pour renouveler pour eux le supplice de Tantale.

En résumé, les esquisses et les portraits de M. de la Rochefoucauld sont pleins d'intérêt, soit par leur actualité, soit par les observations curieuses qu'ils contiennent sur les hommes comme sur les femmes marquants du jour, soit aussi par la richesse et la variété du style que nous trouverions trop fleuri, s'il n'était pas le reflet du parfum et de l'éclat de ces fleurs à nulle autre pareilles que, papillon léger, il a butinées tour-à-tour.

ILLUSTRATIONS

NOBILIAIRES,

1844

Imprimerie de DELACOUR et MARCHAND, frères, rue de Sèvres, 94, à Vaugirard.
Dépôt à Paris rue Saint-Jacques, 80.

M. LE VICOMTE

HENRY DE LA TOUR-DU-PIN-CHAMBLY DE LA CHARCE.

Avant d'entrer dans les détails de la carrière de l'honorable gentilhomme, objet de cette biographie, on nous saura gré de jeter un regard rétrospectif sur quelques-uns des personnages qui, aux différentes époques, ont représenté cette noble et ancienne maison. *Noblesse oblige,* a dit un de nos moralistes; cela veut dire que plus un homme a reçu de ses ancêtres d'illustration et de gloire, de noblesse et de considération, plus il doit en transmettre à ses descendants, car ce sont encore là des biens autrement inaliénables que les honneurs et les richesses. Il était donc important pour nous, avant de juger M. LE VICOMTE HENRI DE LA TOUR-DU-PIN, d'apprécier les services de ses aïeux, afin de montrer qu'il n'est pas resté au-dessous de ses obligations. Et nul doute même, si nous savons faire passer dans l'esprit de nos lecteurs nos propres convictions, nul doute, disons-nous, que l'on ne trouve que les services qu'il a rendus déjà, et qu'il est encore appelé à rendre à l'humanité toute entière, ne paraissent pour le moins aussi importants que ceux qu'ont rendus dans les premiers rangs de la société ceux des membres de cette maison qui lui font le plus d'honneur.

La maison DE LA TOUR-DU-PIN a une origine commune avec les derniers DAUPHINS DE VIENNOIS, ainsi que le prouvent divers titres authentiques et originaux (1) que nous avons entre les mains et dont copie fut déposée en 1819 à la bibliothèque du roi et aux archives du royaume, et par le mémoire généalogique que dressa, en 1787 et 1788, M. Moulinet, secrétaire déchiffreur de la chambre des comptes de Dauphiné. Louis XVIII, dont les connaissances en histoire n'ont jamais été mises en doute, et qui avait fait une étude toute particulière de l'histoire de la noblesse de France, fit à la Maison DE LA TOUR-DU-PIN l'aimable et délicate gracieuseté de rappeler sa noble origine dans les lettres patentes de Pair qu'il conféra, en 1820, à l'aîné de cette famille, M. FRÉDÉRIC-SÉRAPHIN, MARQUIS DE LA TOUR-DU-PIN-GOUVERNET, son ambassadeur, en disant qu'il l'élevait à cette dignité, EN CONSIDÉRATION DE L'HONNEUR QU'IL AVAIT DE LUI ÊTRE ALLIÉ. Ce prince faisait ainsi allusion au mariage DU DAUPHIN GUIGUES DE LA MAISON DE LA TOUR-DU-PIN, en 1323, avec ISABELLE DE FRANCE, fille du roi PHILIPPE-LE-LONG. Devant un témoignage aussi concluant, il est presque inutile d'invoquer celui de MM. Mille, *histoire de Bourgogne ;* Michaud, *Biographie universelle ;* Laisné, *Dictionnaire véridique des origines des familles nobles ;* de Courcelles, *Nobiliaire universel ;* de Saint-Allais, *Tableaux historiques.*

Quelques doutes ont été élevés par certains auteurs sur l'origine de cette maison, et l'on s'est demandé si elle ne serait pas originaire du Dauphiné (2), où elle possédait la baronnie indé-

---

(1) Titres qui prouvent 1° que la branche de Vinay était reconnue pour *consanguine* par les dauphins du nom de la Tour (titre de 1314).

2° Que Pierre de la Tour, châtelain d'Oulx, qui prêta serment avec Guigonnet, son fils, en 1343, lors de la donation du Dauphiné à la France (et duquel descend toute la maison actuelle), *était oncle de Aynard de la Tour, seigneur de Vinay* (titre de 1350).

3° Que cet Aynard de la Tour, seigneur de Vinay, était aussi *co-seigneur de la Tour-du-Pin* (titre de 1358).

(2) Selon Valbonnais contre Baluze.

pendante DE LA TOUR, dont la ville DE LA TOUR-DU-PIN était le chef-lieu, et si elle ne remonterait ainsi qu'à BERLION DE LA TOUR, qui vivait en 1407 et qui fit une donation au prieuré d'Inimont en Bresse? ou bien si elle ne serait pas plutôt une branche cadette plus anciennement séparée de la maison DE LA TOUR D'AUVERGNE? cette dernière assertion nous paraît la plus vraie, soit à cause du témoignage de plusieurs historiens dignes de foi (1), soit à cause des changements que les DE LA TOUR-DU-PIN ont faits à leurs armes à l'exemple des LA TOUR D'AUVERGNE.

Au reste, ce serait une erreur de croire que, si la maison de LA TOUR-DU-PIN revendique sa consanguinité avec la maison de LA TOUR-D'AUVERGNE (consanguinité qui d'ailleurs a été longuement établie par Baluze lui-même, dans son histoire de la maison d'Auvergne), elle la revendique, parce qu'elle sentirait le besoin de rehausser son illustration de celle de cette dernière maison. La maison de LA TOUR-DU-PIN n'a pas besoin, pour être à jamais illustre et recommandable, d'emprunter les titres d'autrui; elle en trouve un assez bon nombre dans la carrière des chevaliers de son nom, qui l'ont si glorieusement perpétué jusqu'à nos jours, et, sous ce rapport, elle n'a rien à envier à la maison de LA TOUR-D'AUVERGNE, si justement illustre d'ailleurs. Notre devoir d'historien nous impose l'obligation de chercher dans les faits les preuves de ce que nous avançons. Ces preuves, nous allons les trouver dans la carrière de quelques-uns des membres de cette antique maison; le lecteur, alors, sera convaincu qu'elle peut aisément se passer du reflet de gloire auquel lui donne droit sa consanguinité, DÉSORMAIS INCONTESTABLE AVEC LA MAISON D'AUVERGNE. Et ici encore, à l'appui de nos assertions, nous pouvons invoquer des témoignages irrécusables (2).

(1) Tels que Baluze et Justel, *historiens de la maison d'Auvergne*, et Chorier *historien du Dauphiné*; Jean-le-Lièvre en son *histoire de Vienne*; Robert en sa *Gaule chrétienne*; Muratori *dans ses anecdotes*; le Quien de la Neuville, *en son histoire des Dauphins*, et enfin, dans ces derniers temps, MM. Moulinet, Laisné et de Courcelles, dans les ouvrages précités.

(2) De Thou, *histoire universelle*; Guichenon, *histoire de Savoie*; Palma Cayet, *Chrono-*

René de la Tour-du-Pin, seigneur de Gouvernet, baron d'Aix, Mévouillon et Montauban, toujours appelé Gouvernet par les historiens du temps, naquit en 1543, à Gouvernet, près de la petite ville du Buis, en Dauphiné. Il fut élevé dans la religion calviniste, et embrassa avec ardeur la cause d'Henri de Béarn. Compagnon d'armes de l'infortuné Dupuy-Monbrun, dont il ne put, malgré sa vive protestation, empêcher la fin tragique; il devint, après sa mort, un des chefs protestants dans le Dauphiné, et lutta avec avantage contre les armées de la Ligue et du duc de Savoie. Ami de Lesdiguières, dont il fut *le bras droit,* dit Daniel, *très-brave et très-bon homme de main,* selon le témoignage de Brantôme, capitaine de cent hommes d'armes, il prit, en janvier 1577, Tulette, Visan et Pierre-Longue, et assiégea le château de Tallard au mois de mai suivant, puis revint à Tulette, d'où il tenait en respect toute la contrée. Le 16 septembre 1578, il battit, entre Nyons et Mirabel, la compagnie du chevalier Oddi, qui perdit 45 hommes. En 1579, quand le maréchal de Bellegarde, jaloux de Birague, gouverneur du marquisat de Saluces, eut résolu de le chasser de son gouvernement, Gouvernet lui fut envoyé par Lesdiguières, avec 2,000 hommes de pied levés en Provence et en Dauphiné, 300 chevaux-légers, autant d'arquebusiers à cheval, et bon nombre de canons; et avec ces forces, Bellegarde ayant marché droit à Saluces, s'empara de tout le marquisat. Après cette conquête, et en 1580, chargé par le roi de Navarre du commandement de toutes les troupes qui étaient en Provence, au comté Vénaissin et dans l'archevêché d'Avignon, il s'empara de plusieurs forte-

logie novennaire; le marquis d'Aubais, *Pièces fugitives;* Brantôme, *Vie des grands capi-taines;* Gaufridy, *histoire de Provence;* Videl, *Vie du connétable de Lesdiguières;* Turenne, *ses lettres;* Quincy, *Histoire militaire de Louis XIV;* Daniel, *histoire de France;* Pinart, *Chronologie militaire;* Prud'homme, *Crimes de la révolution française;* Bouillé, *ses mé-moires;* Burke, *Réflexions sur la révolution de France;* Michaud, *Biographie universelle;* Lacretelle, *Histoire de la révolution;* Royou, *Histoire de France;* De Courcelles, *Diction-naire des généraux français;* le recueil des pièces concernant le *Procès de la reine Marie-Antoinette,* et le *Pélérinage à Jérusalem du père de Géramb,* abbé de la Trappe.

resses et se distingua par divers exploits qui ne firent qu'accroître la confiance et l'affection dont l'honorait ce prince, et qui le lui prouvait chaque jour dans une correspondance intime. Lorsqu'en 1584 les Protestants reprirent les armes, ils s'assemblèrent à Die de toutes parts, et, l'année suivante, ils en assiégèrent le château, sous les ordres de Gouvernet et de DU POUET : de Beaune qui y commandait, se rendit au commencement d'août. Ensuite, Gouvernet prend, en 1586, Montélimart, avec Lesdiguières, et le reprend en 1588 sur les Catholiques, qui s'en étaient emparés par surprise. C'est à cette époque que remonte le traité entre Lesdiguières et Lavalette, traité qui joignit les troupes protestantes et royales contre Mayenne et la Ligue. Gouvernet, pour Lesdiguières, et Le Buisson, gentilhomme provençal, pour Lavalette, arrêtèrent entre eux les conditions du traité qui fut signé à Montmaur, le 14 août 1588. Après avoir encore, en diverses circonstances, puissamment soutenu Lesdiguières et Lavalette, et notamment, en 1591, près de Vinon, sur le Verdon, où le duc de Savoie, après un combat opiniâtre, fut mis en pleine déroute par les conseils de Gouvernet, qui, dans cette affaire, tua de sa main le comte de Vincheguerre, un des officiers du duc de Savoie, Gouvernet, qui avait été nommé maréchal-de-camp et gouverneur de Die, Nyons, Montélimart et Mévouillon, place qu'il avait forcée de se rendre, quoique considérée comme imprenable, se renferma, à la paix générale, dans son gouvernement du Bas-Dauphiné, et continua néanmoins avec Henri IV, et jusqu'à la mort de ce prince, la correspondance si honorable qui existait entre eux.

Henri IV, qui avait fait Gouvernet son chambellan, n'était encore que roi de Navarre, l'appela, lorsqu'il fut monté sur le trône de France, au conseil d'État et à ses conseils privés. Louis XIII, voulant ajouter de nouvelles faveurs à celles dont son illustre père l'avait honoré, gratifia ce *vaillant capitaine,* (1) digne émule

____

(1) Expression de Brantôme.

de Bayard, d'une pension de dix mille livres, somme considérable en ce temps-là, et érigea en marquisat, en 1619, sa terre de
la Charce, « *En récompense*, est-il dit dans les lettres-patentes, *des*
» *services signalés qu'il a rendus, et qui sont si notoires et recom-*
» *mandables, qu'il a grandement mérité de nous et de la chose*
» *publique.* »

Animé de cet esprit de chevalerie et de grandeur d'âme dont
on ne rencontre plus aujourd'hui que de faibles vestiges dans
quelques familles privilégiées, Gouvernet avait pris pour devise deux mots, qui sonnent si bien à des oreilles françaises :
COURAGE et LOYAUTÉ! Nous allons citer deux faits qui prouveront
surabondamment combien il fut toujours fidèle à sa noble
devise.

Voici comment Videl, historien de Lesdiguières, raconte le
premier fait qui se passa en 1586, lors du combat livré près de
Montélimart :

« Durant l'escarmouche, Roybon, gentilhomme du roi de Na-
» varre, qui était venu de sa part trouver Lesdiguières, ayant eu
» son cheval tué sous lui, en reçut un tout-à-l'heure, d'une fa-
» çon qui mérite bien d'être sue. Gouvernet, remarquant parmi
» les ennemis le chevalier de Loriol, maréchal-des-logis de la
» compagnie des gens d'armes de Maugiron, comme le mieux
» monté de la troupe, s'avance au galop, en résolution de le tuer
» pour avoir son cheval. Loriol, le voyant venir, fait la moitié du
» chemin. Gouvernet lui porte, de vingt pas, en tournant, un coup
» de pistolet dans la tête si à propos, qu'il le fait tomber mort,
» prend son cheval et le donne à Roybon, qui lui promet d'en
» faire un présent de sa part au roi de Navarre, et de lui conter
» l'action. » (page 64.)

Dans une autre circonstance, forcé, pour satisfaire au point
d'honneur, de se battre en duel avec un de ses anciens amis, le
seigneur DU POUET, il eut le malheur de le tuer et en resta incon-
solable. Il acheta le champ où le combat avait eu lieu, et, quoique protestant, il en fit don aux religieux capucins, les chargeant

de célébrer à jamais un obituaire pour DU POUET. Il fit plus : il devint le tuteur du fils de son ami, l'éleva, et le maria ensuite à Justine de la Tour-du-Pin, sa fille.

Ce brave et loyal chevalier a laissé dans le pays un si grand souvenir, queles trois siècles qui nous en séparent n'y ont porté nulle atteinte. Gouvernet mourut à Die en 1619.

Le troisième fils de Gouvernet, appelé René comme lui, baron de Chambaud, vicomte de Privas, par son mariage avec Paule de Chambaud, vicomtesse de Privas, sénéchal de Valentinois et Diois, conseiller du roi en ses conseils d'État et privés, fut député de la noblesse du Languedoc, aux États-Généraux de 1614; il fut aussi colonel d'un régiment de gens de pied, et dans les guerres du Piémont, où il fut tué en 1616, il commandait les cinq régiments français qui s'y trouvaient.

Hector de la Tour-du-Pin-Montauban, fils puiné de Gouvernet, fut le dernier chef des protestants du Dauphiné, au commencement du XVII siècle, se soumit à Lesdiguières, en 1626, et remit les places de Soyans et de Mévouillon, où, durant quarante-six jours, il avait fait une vigoureuse résistance. Louis XIII lui accorda en dédommagement cent mille francs, le brevet de maréchal-de-camp et son rétablissement dans ses places de gentilhomme de la chambre et de gouverneur de Montélimart; ce gouvernement resta dans la famille jusqu'à la révolution de 1789.

René, marquis de la Tour-du-Pin-Montauban, fils aîné d'Hector, naquit en Dauphiné, vers 1620. Né et élevé dans la religion protestante, il embrassa le catholicisme au sortir de l'enfance, et avant d'être présenté à la cour, où il eut beaucoup de succès, par ses avantages extérieurs et une rare habileté dans les exercices du corps. Quelques circonstances où il se distingua l'ayant fait remarquer du cardinal de Richelieu, le firent avancer rapidement dans la carrière militaire. Nommé, malgré sa jeunesse, capitaine de cavalerie au régiment du comte de la Mothe, il servit avec beaucoup de distinction en Catalogne sous ce général, et les chefs qui lui succédèrent de 1641 à 1650. Cette même année, s'étant démis de sa compagnie en faveur de son frère, Alexandre de la Tour, seigneur de la Chaup, il leva un régiment de cavalerie de son nom (Montauban), qu'il commanda en Espagne avec une distinction telle, que le roi Louis XIV lui confia le commandement de toute la cavalerie qui était en Catalogne, sous les ordres du prince de Conti. En 1664, il fut envoyé avec le comte de Coligny, auprès de l'empereur, qui, pressé par les Turcs, avait demandé des secours à la France; et montra tant de bravoure, ainsi que ses frères, Louis et Alexandre, au passage du Raab et à Saint-Godard, que Chorier, leur contemporain, leur rend justice en ces termes : « *Notre nation,* dit-il, *n'a pas de* » *plus braves hommes ni de plus vaillants ; la Hongrie a vu jusqu'où* » *allait leur courage, et les Turcs en ont fait l'épreuve, à la honte* » *des armes ottomanes, et à la gloire des armes françaises.* » De retour en France, il rétablit son régiment, et en 1668, il concourut puissamment à la conquête de la Franche-Comté, puis en 1672, à celle de la Hollande, où il se montra avec tant d'avantages, que Louis XIV le nomma gouverneur de Zutphen et de Nimègue, deux places importantes. Les habitants de Zutphen, voulant même lui donner un témoignage de la reconnaissance publique pour la manière à la fois digne et généreuse avec laquelle il les avait traités, firent placer son portrait à l'Hôtel-de-Ville, lorsque par les ordres du roi il dût quitter cette place. Créé en 1674 maréchal-de-camp, sous les ordres du prince de Condé, il combattit à Séneff, où il fut blessé. Chargé ensuite de conduire à Turenne vingt escadrons et huit bataillons, tirés de

l'armée de ce prince, il combattit à Mulhausen, avec tant de valeur, que de l'aveu même de Turenne, (1) il décida le succès de
cette bataille, considérée par ses suites comme l'action la plus
éclatante du grand capitaine. Néanmoins, ayant été fait prisonnier
dans la mêlée, Montauban, renvoyé sur sa parole, fut échangé,
peu après, contre le colonel baron de Mercy, et paya trois mille
livres pour supplément de sa rançon. Ayant encore fait sous
Turenne la savante campagne de 1675, il se trouva, après la mort
de ce grand homme, à la bataille d'Alteinhem et contribua grandement au succès de cette journée, qui prouva qu'après Turenne
il était encore des généraux capables de résister à Montécu-
culli. Nommé lieutenant-général en 1677, et envoyé en Sicile,
sous les ordres du maréchal de Vivonne, alors vice-roi, il y défit
en une rencontre 2,000 Espagnols, et fut nommé gouverneur de
Messine. Ayant ensuite ramené les troupes, il passa à l'armée de
Roussillon, où il contribua à la prise de Puy-Cerda, dont le roi,
certain de ses succès, l'avait nommé gouverneur, même avant la
reddition de la place. Comme récompense de ses longs services,
Montauban fut enfin nommé commandant en chef de la Franche-
Comté, et mourut à Besançon le 19 juillet 1687.

Une fille de Pierre, marquis de la Charce, autre petit-fils de
Gouvernet, nommée Philis de la Tour-du-pin la Charce, lors
de l'irruption que le duc de Savoie fit en Dauphiné en 1692,
monta à cheval, rassembla les vassaux de son père et les habitants des communes, depuis Gap jusqu'aux baronnies, se mit à
leur tête, fit couper les ponts et garder les passages; empêcha
les ennemis de pénétrer au-delà de Gap, les repoussa en plusieurs rencontres, et contribua plus que personne à les chasser
de la contrée. Tandis qu'elle combattait ainsi dans les défilés des
montagnes, sa mère exhortait les habitants de la plaine à se
maintenir dans le devoir, et madame d'Urtis, sa sœur aînée, fai-

---

(1) Lettres et mémoires de Turenne, in-folio, tome II, page 626

sait couper les cables des bateaux qui servaient à passer la Durance, afin que les Piémontais ne pussent s'en emparer. En récompense de cette héroïque conduite, Louis XIV, qui savait toujours honorer le mérite et la valeur, fit placer au trésor de Saint-Dénis son épée, ses pistolets, son portrait et son écusson ; et l'assimilant à un brave officier, lui accorda une pension de deux mille livres. On lit dans les œuvres de madame Deshoulières, où ce fait est raconté, deux épîtres remarquables adressées à Philis de la Tour-du-Pin-la-Charce, laquelle mourut à Nyons, en 1703.

René-François-André, comte de la Tour-du-Pin, vicomte de la Charce, seigneur de Bômont, Rary, Monthenaut, Bezonville, Barberonville, Formarville, de la forêt de Brugny en partie et du fief du Boulaye, dit la grande maison de Brécy, naquit à Ipres, en Flandre, en 1715. Après avoir été reçu page de la grande écurie du roi, il fut successivement cornette, lieutenant et capitaine au régiment de cavalerie de Bourbon, en 1729 et 1730, colonel lieutenant du régiment de Bourbon-infanterie, le 24 février 1740, brigadier d'infanterie le 20 mars 1747, et chevalier de Saint-Louis. Il servit avec distinction aux sièges de Kell, en 1733, et de Philisbourg, en 1734 ; à l'affaire de Clausen, en 1735, sur le Rhin et en Bavière, en 1743, à l'attaque de Weissembourg, où il fut blessé, et au siége de Fribourg, en 1744 ; à l'armée du Bas-Rhin, en 1745, aux siéges de Mons, de Charleroy, de Namur et à la bataille de Rocoux, en 1746 ; enfin à la bataille de Lawfeldt, où il fut blessé de nouveau en 1747. Ses blessures le forcèrent à quitter le service en 1748. Il avait épousé, en 1741, Jacqueline Louise de Chambly, dernière du nom de cette illustre maison qui comptait un Jean et un Nicolas de Chambly, présents à la croisade commandée par Philippe Auguste et Richard Cœur-de-Lion, en 1191, un autre Jean de Chambly, accompagnant Saint-Louis à Tunis, en 1270 ; un sire de Cham-

bly, mort en combattant près du roi Jean, à la bataille de Poitiers ; un Pierre de Chambly, grand chambellan de Philippe-le-
Bel et négociateur avec le fils de France, le duc de Bourgogne
et le duc de Bretagne, de la paix entre la France et l'Angleterre,
en 1303 ; un autre Pierre de Chambly, fils du précédent, devenu l'époux de la veuve de l'empereur Rodolphe de Hapsbourg,
Isabeau de Bourgogne, dont, avant la révolution, on voyait encore la tombe aux Grands Augustins de Paris, et nombre de
chevaliers dont les titres scellés de la bibliothèque du roi et les
registres de la chambre des comptes attestent les signalés services. Aux termes de son contrat de mariage, et par suite des
donations et substitutions faites (1706) à Charles François de
Chambly, père de Jacqueline Louise de Chambly, par Jacques
François de Chambly, comte de Bômont, son cousin, donations
et substitutions confirmées par le testament de ce dernier, (1715),
*il dut faire porter au fils aîné, qui naîtrait de cette union, le nom
et les armes de la maison de Chambly,* noble obligation qui fut
exactement remplie et de laquelle est venue la branche de la
Tour-du-Pin-Chambly, à laquelle appartient le membre de la
famille dont nous nous occupons.

René-François-André est mort à Paris, le 12 février 1778, et
sa veuve Jacqueline-Louise de Chambly est décédée à Rheims
le 29 novembre 1791.

Jacques-François-René de la Tour-du-Pin la Charce, né à Ipres
comme son frère qui précède, en 1720, entra dans l'état ecclésiastique, devint un prédicateur célèbre, et par suite fut nommé
prédicateur du roi. Il fut aussi nommé, en 1744, au prieuré de
Saint-Etienne de Mortagne, et il en prit possession le 1er avril
1745. Abbé commendataire de l'abbaye royale de Notre-Dame
d'Ambournay, en 1753, et plus tard prieur du prieuré de Saint-
Maxire, puis vicaire-général de Rièz, il fut reçu, en 1764, chanoine comte de Tournay. Il était d'ailleurs de l'académie de

Nancy et prononça le panégyrique de Saint-Louis en présence de l'académie française, en 1751. L'année suivante il fut choisi pour faire l'oraison funèbre de monseigneur le duc d'Orléans, au service célébré pour ce prince, dans l'église métropolitaine de Paris; et, en 1763, il prêcha avec succès le carême dans la même église, de même qu'en 1755, il avait déjà prêché l'Avent devant le roi. Il commençait à publier ses panégyriques et sermons, dont 6 volumes in-12, qui ont paru, lui assurent la réputation d'un écrivain élégant et pur, lorsqu'il mourut subitement, en 1765, à l'abbaye de Saint-Victor de Paris, où il fut inhumé.

Philippe-Antoine-Gabriel-Victor-Charles, marquis de la Tour du-Pin-Gouvernet de la Charce comte de Montmorin, baron de la Ferté et de Fouvent, appelé d'abord LE MARQUIS DE LA TOUR-DU-PIN et ensuite le MARQUIS DE GOUVERNET, par donation de la terre de ce nom, était arrière-petit fils de Pierre, marquis de la Charce, père de l'illustre Philis dont nous avons parlé. Né au château de la Colombière, près Fouvent, en Champagne, vers 1723, il entra au service, en 1736, et fit toutes les campagnes de la guerre qui se termina en 1748 par la paix d'Aix-la-Chapelle. Il se conduisit d'une manière si remarquable aux différentes affaires où il se trouva, et notamment à Rocoux, en 1746, qu'il obtint quoique bien jeune encore, le gouvernement de Nyons, vacant par la mort de son père, et un régiment d'infanterie de son nom, à la tête duquel il assista, en 1747, dans la Flandre Hollandaise, aux siéges des forts de la Perle, d'Issendick, de Lickfkenhoesk, de Zandberg, d'Hulst, de Philippine et d'Axel : sa fermeté à la prise d'Hulst lui valut à 24 ans la croix de Saint-Louis, et après la célèbre victoire de Lawfeldt, (2 juillet 1747) dont son régiment eut en grande partie l'honneur, il fut nommé à 26 ans gouverneur du Maine, Perche et comté de Laval, et gouverneur particulier de la ville du Mans. La guerre de sept ans ayant éclaté, en 1756, le marquis de la Tour-du-Pin en fit encore toutes les campagnes, et toujours à la tête de son régiment de la Tour-du-Pin, qui se couvrit de gloire à Crevelt, où il perdit 500 hommes, au siége de Munster, à Corback, à Warbourg et à Closter-Camp, dernière affaire où, déployant la plus grande valeur, le marquis de la Tour-du-Pin fut blessé d'un coup de feu à la cuisse. Promu le 20 février 1761, au grade de maréchal-de-camp, il se distingua de nouveau au combat de Filinghausen et à l'affaire de Roxel. Il passa ensuite, en 1762, à l'armée que le roi envoyait en Espagne, sous les ordres du prince de Beauvau, et chargé de l'inspection des troupes qui la composaient, il y servit jusqu'à la paix. En Avril 1765, renonçant à son gouvernement du Maine par affection pour le prince de Condé, il passa au commandement en chef de toute la Bourgogne ; Quinze ans plus tard il était élevé au grade de lieutenant-général, et en 1787 et 1788, il faisait partie de l'assemblée des notables. Malgré la tourmente révolutionnaire il ne crut pas devoir émigrer. Témoin dans le procès de la reine, Marie-Antoinette, il déposa en peu de mots, mais avec courage et dignité : c'était pour lui un arrêt de mort ; arrêté bientôt en effet dans sa maison de la Tuilerie, près Paris, il fut traduit au tribunal révolutionnaire et conduit à l'échafaud le 28 avril 1794, le même jour que le ministre de la guerre son cousin.

Jean-Frédéric de la Tour-du-Pin de la Charce, né à Paris, en 1734, fut d'abord reçu dans l'ordre de Malte, pour lequel il fit ses preuves au Grand Prieuré de France, en 1756. Connu jusqu'à son mariage sous le nom de *Chevalier de la Tour-du-Pin*, et, depuis, sous celui de *Vicomte de la Charce*, c'est sous le premier nom, qu'entré au service, en 1746, comme enseigne au *régiment de la Tour-du-Pin* et nommé capitaine aide-major au même régiment, en 1756, il devint, en 1757, aide-major-général de l'infanterie à l'armée du Bas-Rhin, commandée par le maréchal d'Estrées, et qu'il fit ensuite la campagne de 1758, sous les ordres du comte de Clermont et du marquis de Contades, qui lui succéda. C'est encore sous ce nom qu'il passa major-général de la réserve de vingt-quatre bataillons du marquis d'Armentières, en 1759, et qu'il dirigea, en cette qualité, le siége de Munster. C'est toujours sous ce nom, qu'étant, en 1760, major-général d'une réserve de quarante-quatre bataillons, commandée successivement par messieurs de Saint-Germain et du Muy, il fut blessé d'un boulet qui lui fracassa la jambe, à la bataille de Warbourg, et c'est sous ce même nom qu'il eut les régiments de Nice et de Beauce, et qu'il fut nommé, en 1773, gentilhomme d'honneur de monseigneur le comte d'Artois. C'est ensuite sous la deuxième dénomination qu'il devint maréchal-de-camp, en 1780, commandant en second de Bourgogne, en 1788, et inspecteur extraordinaire en 1790. Puis, l'émigration arrivant, il rejoignit l'armée des Princes, commanda les postes avancés devant Thionville, en 1792; fit partie de l'expédition de l'Isle-Dieu, en 1795, et ne rentra en France qu'à l'époque de la Restauration, en 1814. Il avait été nommé en Angleterre lieutenant-général, en 1801; ce grade lui fut confirmé en 1814, et le 27 décembre, même année, la plus digne récompense de ses longs services lui fut donnée : Il fut élevé à la dignité de commandeur de l'ordre royal et militaire de Saint-Louis. Il est mort à Paris, en 1816.

David-Sigismond, Bailli de la Tour-du-Pin-Montauban, fils puiné de René-Louis-Henri de la Tour-du-Pin-Montauban, marquis de Soyans, naquit le 25 juin, 1751, au château de la Mothe-du-Caire, en Provence. Entré dans la marine royale de France, en janvier 1766, et nommé garde du pavillon le 22 avril 1770, puis enseigne de vaisseau le 1ᵉʳ octobre 1773, il fit, en 1776, sur l'*Amphitrite,* une campagne en Amérique. Passé en 1778, com-

mandant du *Flint-Castle*, il accorda au commerce, dans la médi-
terranée, une protection qui lui mérita les remercîments de la
ville de Marseille. Embarqué peu après sous les ordres du comte
d'Albert de Rioms, sur le *Sagittaire*, vaisseau de l'escadre du
comte d'Estaing, il fit voile de nouveau pour les Grandes-Indes,
d'où son bâtiment, après un glorieux combat contre le vaisseau
anglais *l'Expériment*, revint, avec sa capture, désarmer à Toulon,
en janvier 1780. Nommé pendant cette campagne lieutenant de
vaisseau, et reçu chevalier de Saint-Jean-de-Jérusalem, le 6 décembre 1779, il eut, en 1780, le commandement du brick le
Tarton, et le conserva jusqu'en 1781, où, premier lieutenant
sur le vaisseau le *Héros*, commandé par le bailli de Suffren, il
fit la brillante campagne des Indes-Orientales, dont l'escadre,
couverte de gloire, revenait désarmer à Toulon, en janvier
1784. Présenté à la Coùr peu après son débarquement, le chevalier de la Tour-du-Pin-Montauban y fut reçu avec une distinction flatteuse ; mais il ne tarda pas à reprendre la mer, monta la
corvette la *Blonde*, qu'il commanda avec talent sur les côtes du
Sénégal et du littoral occidental de l'Afrique, et rentra à Brest,
où il désarma de nouveau, en juillet 1785. Promu au grade de
major-de-vaisseau, le 1er mai 1786, et nommé général des galères de la religion, en 1788, sous le grand-maître Rohan, après
avoir prononcé ses vœux et avoir été fait Grand'Croix de son
ordre, il prit possession de son commandement qu'il exerça durant quatre ans, de 1788 à 1792. Sous le premier de ces deux
généralats, il fit plusieurs caravanes sur les côtes d'Italie, de
Corse, de Sardaigne et de Sicile, et, sous le second, avec quatre
galères portant un secours de trois mille fusils, quatre pièces de
campagne et trois obusiers, il escorta le bâtiment sur lequel étaient
embarqués les chevaliers et les hommes que le grand-maître
Rohan avait accordés à la sollicitation de son frère, le marquis de
la Tour-du-Pin-Montauban, jadis colonel de *Rouergue*, et alors
maréchal-de-camp et chef militaire de l'insurrection qui se pré-
parait dans le midi. Avec cette escorte, il était venu sous le pré-

texte des croisières ordinaires contre les barbaresques, attendre à l'île Asinara, au nord-ouest de la Sardaigne, les instructions que son frère était allé chercher à Barcelonne, près l'agent des Princes, M. Froment; l'Espagne, lors de l'arrestation du Roi, à Varennes, ayant retiré son appui si nécessaire à une telle entreprise, le bailli, instruit de ce fatal contre-temps, se vit contraint de rentrer à Malte. Créé capitaine de vaisseau au service de France, en janvier 1792, et alors en séjour à Malte, où il voulut rester à cause de la révolution, et pour ne pas prêter le nouveau serment à la constitution de 1791, il fut rayé des contrôles; mais ses états de service constatent qu'il avait fait jusqu'alors neuf campagnes sur mer, qu'il avait exercé trois commandements, et que, de 1778 à 1783, il s'était trouvé à un siége et à neuf combats.

Depuis lors, et durant la terrible et déplorable époque de la convention et du directoire, toujours à Malte, le bailli de la Tour-du-Pin s'y trouvait encore, quand, en juin 1798, la flotte républicaine, portant toute une armée sous les ordres de Bonaparte, se présenta devant cette île. Du nombre des chevaliers fidèles, le bailli de la Tour-du-Pin prit aussitôt le commandement de la fortification appelée la Cottoner, qui renfermait le grand magasin à poudre, et, en toute hâte, il le fit évacuer sur divers points de la ville; mais la trahison de ceux-là même qui devaient la défendre, et la révolte du peuple qui s'en suivit, rendirent inutiles ses généreux efforts que secondaient encore ceux du marquis de la Tour-du-Pin, son frère, alors commandant au fort Manüel, d'où il avait fait une vigoureuse sortie; et deux jours plus tard, le grand-maître Hompech, sourd aux avis du bailli de la Tour-du-Pin-Montauban, comme à ceux du bailli de Loras et de plusieurs autres qui furent par suite éloignés du Conseil, signa une capitulation qui à jamais sera sa honte, parce qu'à jamais, sans trahison, elle sera inexplicable.

Forcé alors d'abandonner Malte, le bailli de la Tour-du-Pin vint avec son frère aborder à Livourne, puis il s'établit à Pise,

ensuite à Venise, et enfin à Fiume, en Croatie, où il se fixa;
c'était au printemps de 1799. Cette même année, l'empereur
Paul, qui venait d'être élu grand-maître de l'ordre de Malte, instruit de la noble conduite du bailli de la Tour-du-Pin, lors de la
reddition de l'île, voulut le connaître et le consulter, et lui fit
proposer de venir à Saint-Pétersbourg. Le bailli, espérant que
cette démarche pourrait être utile aux chevaliers de Saint-Jean-
de-Jérusalem, se rendit en effet à Saint-Pétersbourg, où, logé et
défrayé au palais de l'Ordre, il fut comblé des bontés de l'empereur, et reçut de sa munificence, avec une gratification de
12,000 francs, une pension destinée à remplacer, en partie du
moins, les trois riches commanderies qu'il avait perdues. L'année suivante (1800), le pape Pie VII, ayant été élu à Venise, le
bailli de la Tour-du-Pin qui le reconnaissait pour chef suprême
de son ordre, se rendit dans cette ville, pour lui présenter ses
hommages, et déposer entre ses mains la *relation de ce qui s'était
passé à Malte en* 1798. De retour à Fiume, le bailli de la Tour-du-
Pin vit encore quelque temps, près de lui toute sa famille émigrée
dont il était le soutien; enfin, le 2 mai 1801, les deux frères se
séparèrent, le bailli resta à Fiume, où il mourut, en septembre
1807, et le marquis étant rentré en France vint se fixer à
Bourges, où il est décédé en 1810, près de l'archevêque de cette
ville, son oncle. Ce dernier a laissé un fils maréchal-de-camp,
pair de France, commandeur de l'ordre de Saint-Louis et de
plusieurs ordres, qui, après avoir noblement servi à l'armée de
Condé, et dans les troupes de Portugal, durant l'émigration, s'est
aussi distingué dans plusieurs affaires durant la guerre d'Espagne de 1823, et est mort dans sa terre d'Aulnoy, le 14
juin 1837.

Jean-Frédéric, comte de la Tour-du-Pin-Gouvernet-de-Pau-
lin, fils de Jean de la Tour-du-Pin-Gouvernet comte de Paulin,

mestre-de-camp du régiment de Bourbon-Cavalerie, devint l'aîné de sa maison le 20 avril 1775, par la mort de son cousin, Charles-Frédéric de la Tour-du-Pin, marquis de Gouvernet, Sénéchal de Valentinois et Diois et gouverneur de Montélimart. Né à Grenoble le 22 mars 1727, il entra cornette au régiment de cavalerie de Bourbon, le 20 octobre 1741, et joignit ce corps à l'armée de Westphalie, où il passa l'hiver. Il marcha ensuite avec la même armée sur les frontières de Bohême au secours de Braunaw, au ravitaillement d'Egra et à l'expédition de Schmidmill. Devenu lieutenant, en 1743, il combattit avec distinction en Bavière et ensuite sur les bords du Rhin. Ayant obtenu une compagnie dans le même régiment, il passa en Flandre, en 1745, et fit les campagnes de 1746 à 1748, sous le maréchal de Saxe. Sa compagnie ayant été réformée, il fut nommé, en 1749, colonel au corps des grenadiers de France, fit ainsi les premières campagnes de la guerre de sept ans et se distingua à la bataille d'Hastembeck et à la prise de Minden et de Hanovre. Il devint, en octobre 1757, colonel du régiment de Guyenne, et le commanda sur les côtes jusqu'à la paix. Il fut, en 1762, pourvu du régiment de Piémont, élevé au grade de maréchal-de-camp, en 1763, puis nommé lieutenant-général, et enfin commandant des provinces de Poitou, Aunis et Saintonge, emploi qu'il conserva jusqu'à la révolution. Député par la noblesse de Saintes, aux États-Généraux de 1789, il s'y montra, dès le commencement, partisan des idées nouvelles, et se réunit avec la minorité de son ordre, à l'assemblée des Communes. Cette conduite de la part d'un officier général comblé des bienfaits du Roi, n'empêcha pas Louis XVI, qui connaissait d'ailleurs sa rare probité, de le nommer ministre de la guerre au mois d'août de la même année. Le nouveau ministre présenta bientôt un plan pour l'organisation de l'armée, mais ce plan quoique bon, en lui-même, était loin de remplir les vues du parti révolutionnaire, et ne fut point adopté. M. de la Tour-du-Pin, voyant de toutes parts la révolte et la sédition des troupes, commença à s’apercevoir de son erreur. Il se plaignit souvent à l’assemblée, mais ses plaintes quelque éloquentes (1) qu’elles fusseut, loin d’obtenir un remède proportionné à la grandeur du mal, ne firent qu’affaiblir le crédit qu’il s’était d’abord acquis par son patriotisme. Lors de l’insurrection de Nancy, étant parvenu toutefois à faire passer ses propres sentiments dans l’esprit de l’assemblée il en obtint un décret qui ordonnait aux soldats de rentrer dans l’ordre et aux habitants d’obéir aux lois, sous peine d’être traités comme rebelles. Il envoya aussitôt son fils, le comte de Gouvernet, à M. de Bouillé, commandant de toutes les troupes qui se trouvaient en Lorraine, Alsace, Champagne et Franche-Comté, avec les pleins pouvoirs qui étaient nécessaires dans des circonstances aussi graves. Grâce à ces mesures et à l’habileté avec laquelle M. de Bouillé les mit à exécution, la révolte de Nancy fut étouffée, et l’armée entière préservée d’une désorganisation imminente. Alors la conduite du ministre, du général et des soldats fidèles reçut une entière approbation de l’assemblée; mais cette approbation dura peu; les Jacobins furieux de voir la révolution arrêtée par ce coup vigoureux, se répandirent en invectives contre ces mêmes hommes que la veille ils avaient soutenus et approuvés. Dès ce moment un dégoût invincible s’empara de M. le comte de la Tour-du-Pin, il offrit sa démission avec les autres ministres, à l’exception de M. de Montmorin ; pressés par le monarque de ne pas l’abandonner, les ministres reprirent le timon des affaires, mais convaincus par de nouvelles et incessantes aggressions que leurs efforts et leur dévoûment étaient vains, ils se démirent de nouveau et furent remplacés, en novembre 1790. Depuis cette époque M. le comte de la Tour-du-Pin, vivait à Auteuil dans la retraite, lorsqu’il y fut arrêté pour être appelé en témoignage dans le procès de la reine. Cette circonstance devait le perdre; mais il resta impassible devant le danger qui le menaçait, et donna à l’infortunée

____

(1) Expression de Burke, parlant de ce ministre.

Marie-Antoinette une dernière preuve de fidélité, *qui devait à jamais honorer son nom.* Lorsqu'on lui demanda, selon la formule usitée s'il connaissait *Antoinette?* « *Ah! oui,* dit-il, avec l'accent de la douleur et en s'inclinant devant elle plus profondément peut-être, que si elle avait été sur son trône de France, *J'ai l'honneur de connaître Madame.* Cette conduite courageuse à laquelle ont rendu toute justice MM. Lacretelle, Royou, Michaud, le vicomte de Conny, le vicomte Walsh, etc., etc., accéléra, sans doute et détermina sa mort; traduit, peu de jours après, le 28 avril 1794, devant le sanglant tribunal, il fut condamné et exécuté le même jour. Que penser après cette mort et le témoignage d'historiens si recommandables, d'un écrivain qui aurait osé prétendre qu'un ministre aussi dévoué aussi intègre aurait chargé la Reine !

Frédéric Séraphin, marquis de la Tour-du-Pin-Gouvernet, fils de Jean-Frédéric, ministre de la guerre, qui précède, et né à Paris le 6 janvier 1759, était, avant la révolution, colonel du régiment de Royal-des-Vaisseaux et chevalier de Saint-Louis. Devenu aide-de-camp du marquis de Bouillé, dont il était l'ami, il servit avec lui durant les trois dernières années de la guerre d'Amérique. Nommé à son retour en France colonel en second de Royal-Comtois, que, par sa fermeté, il fit rentrer en communication avec le reste de l'armée, dont son indiscipline l'avait séparé, c'est peu après qu'il devint colonel-commandant de Royal-des-Vaisseau. Il contribua, sous le ministère de son père, à étouffer l'insurrection de Nancy, dans laquelle il eut un cheval tué sous lui, comme le prouve une lettre de Louis XVI adressée au marquis de Bouillé. Après avoir été ministre plénipotentiaire en Hollande jusqu'au 10 août 1792, il se rendit à l'époque du meurtre de Louis XVI aux États-Unis avec sa famille. Là, dénué de fortune, mais supérieur à l'adversité, il sut, à force de

résignation et de travail, écarter la misère. La bêche à la main
il défricha une ferme qu'il avait achetée de ses dernières ressources. Sa femme, la marquise de la Tour-du-Pin, l'ex-ambassa-
drice, naguère entourée des hommages les plus empressés et
jouissant de tous les avantages que procurent une grande fortune et un grand nom, se montra, en cette circonstance, comme
elle fut toujours, femme d'un grand caractère et la digne compagne de son époux ; ainsi elle allait à la ville prochaine vendre
elle-même les produits de sa basse-cour et de sa ferme. Quand
l'esprit se repose sur un tableau aussi touchant, on se demande
ce qu'il y a de plus grand, ou des épreuves auxquelles la providence voulut soumettre ces victimes de la révolution, ou de la
résignation avec laquelle elles surent les supporter !

De retour en France après le règne sanglant de Robespierre,
mais encore sous la tyrannie du directoire, M. de la Tour-du-Pin
se vit bientôt en butte à de nouvelles persécutions ; et, pour sauver sa tête, fut obligé de se réfugier en Angleterre, où il passa
deux ans. Il rentra dans sa patrie sous le consulat. Bonaparte
dont le regard pénétrant savait si bien distinguer les hommes de
mérite, arracha M. le marquis de la Tour-du-Pin de sa retraite et
le nomma successivement préfet de Bruxelles et préfet d'Amiens,
où la restauration le trouva. Après l'abdication de Fontainebleau, M. de la Tour-du-Pin salua avec enthousiasme la cocarde
blanche, qui était à ses yeux la seule et véritable garantie du
bonheur, de la prospérité et de la grandeur de sa patrie. Créé
pair de France par Louis XVIII, qui, dans ses lettres patentes
l'appela son *allié,* il fut un des ambassadeurs au congrès de
Vienne, puis envoyé comme ministre plénipotentiaire auprès du
roi des Pays-Bas, jusqu'en 1820, et enfin ambassadeur à Turin,
où le surprit la révolution de 1830. Dans tout le cours de sa carrière diplomatique, M. de la Tour-du-Pin se montra le zélé défenseur des intérêts et de l'honneur de la France. Uniquement
dévoué au roi, il ne rechercha jamais la faveur de ses ministres ; il
attaquait, au contraire, avec chaleur leurs mesures quand elles lui

paraissaient contraires aux intérêts sacrés du pays ; aussi fût-il toujours en défaveur, car son nom ne fut jamais compris dans aucune des promotions du cordon bleu, ni de la Légion-d'Honneur, dont il était simple chevalier, et cependant il était le doyen du corps diplomatique. Plus justes à son égard, deux cours étrangères le décorèrent de leurs ordres les plus élevés, car il était grand'croix de Saint Ferdinand de Naples et grand'croix de l'ordre du Lion de Belgique.

En 1830, fidèle à ses serments, il donna sa démission de pair et d'ambassadeur, disant que sa conscience et son bon-sens se refusaient à prêter serment au nouveau roi, conduite d'autant plus remarquable qu'il renonçait à la fois à son traitement de pair et à celui d'ambassadeur, et cependant sa fortune était délabrée. Il se retira alors dans sa terre du Bouilh, près de Bordeaux. Mais son repos fut encore troublé par une condamnation politique, pour avoir hautement manifesté son indignation au sujet de quelques expressions inconvenantes contre la duchesse de Berry et contre les vendéens soulevés en sa faveur. Quelque temps après il s'expatria à la suite du seul de ses fils qui lui restât, condamné à mort par contumace, comme impliqué dans l'expédition de la duchesse de Berry. Ce personnage distingué a fini ses jours à Lausanne, en Suisse. Voici, pour achever le portrait de M. le marquis de la Tour-du-Pin, quelques lignes extraites d'un article nécrologique publié par la gazette de France, le 10 mars 1837 :

.   .   .   .

« Tout ce que l'âme la plus pure, la plus loyale ; tout ce que le
» caractère le plus solide, le plus doux, le plus égal ; tout ce que
» l'esprit le plus cultivé, le plus aimable peuvent répandre de
» charmes, M. le marquis de la Tour-du-Pin sut en embellir la
» vie de ceux qui l'entouraient. Il était resté comme un de ces
» rares débris de cette autre société anti-révolutionnaire que
» l'on n'accuse si vivement de nos jours que parce qu'elle est
» déjà de l'histoire ancienne pour ceux qui la déprécient.

» M. de la Tour-du-Pin en avait autant conservé la grâce des
» manières, l'exquise politesse, les formes les plus distinguées,
» que cette chaleur de cœur et d'amitié qui liait les personnes
» remarquables de cette société entre elles. La charité la plus
» vive avait ramené ce cœur si droit dans le sein d'une religion
» qui seule pouvait le satisfaire. M. de la Tour-du-Pin est mort
» dans la foi catholique la plus fervente et assisté des secours de
» la religion. Le pauvre qu'il soulagea toujours priera pour lui,
» et ses prières l'accompagneront au Ciel ! »

M. le marquis de la Tour-du-Pin ne fut pas le seul de cette
maison qui fut élevé à la dignité de pair de France : M. le marquis de la Tour-du-Pin-Montauban, gendre du maréchal marquis
de Viomesnil avait succédé à celle de son beau-père ; et le jeune
Guy de la Tour-du-Pin-la-Charce devait, en vertu d'une ordonnance royale, succéder à celle de son aïeul maternel, le marquis
d'Orvilliers.

Indépendamment de quatorze officiers généraux, dont quatre
gouverneurs ou commandants de provinces, deux cordons rou-
ges et nombre de chevaliers de Saint-Louis, un ministre et un
ambassadeur grand'croix de plusieurs ordres, une foule de chevaliers de Malte, et dans ces derniers temps, le grand'croix général des galères de la religion, bailli de la Tour-du-Pin-Montauban, qui se conduisit avec tant d'honneur lors de l'infâme reddition de Malte, la maison de la Tour-du-Pin, qui compte
d'ailleurs tant de colonels et de brigadiers des armées, tant de
gentilshommes de nos princes, et tant de sénéchaux dans la
province du Dauphiné, a produit aussi un grand nombre de
prélats recommandables par leur mérite et leur piété. Ainsi,
Hugues et Guy étaient évêques de Clermont, en 1227 et
1278 ; Henri, régent du Dauphiné, fut évêque de Metz ; Guy,
Hugues et Humbert de la Tour-du-Pin, furent chanoines, comtes
de Lyon, en 1230, 1243, 1244, plus récemment, Louis-Pyrrhus
de la Tour-du-Pin-Montauban, également comte de Lyon, fut
évêque de Toulon, en 1712, et pendant la peste de 1720, s'y

montra le digne émule de Belsunce à Marseille ; et dans ces derniers temps, Louis-Apollinaire de la Tour-du-Pin-Montauban, successivement évêque de Nancy, en 1778, archevêque d'Auch, en 1785, et archevêque-évêque de Troyes, en 1802, est mort dans cette ville en odeur de sainteté, en 1807 (1) ; et pour clore cette longue liste, un autre la Tour-du-Pin-Montauban, du nom de Lucrétius, fut aussi, sous Louis XV, sacré évêque de Riez.

Cette maison se divise aujourd'hui en quatre branches, dont les surnoms proviennent presque tous des mariages contractés.

Les armes sont : *écartelé aux 1 et 4 d'azur, à la tour d'argent, au chef cousu de gueules, chargé de trois casques d'or tarés de profil, aux 2 et 3 d'or, au dauphin d'azur*, et les devises, la première : TURRIS FORTITUDO MEA ; la seconde, celle de l'illustre René : COURAGE ET LOYAUTÉ.

Aux armes de la Tour-du-Pin, la branche de Chambly ajoute les armes de cette maison, qui sont : *une croix dentelée et azurée chargée de cinq fleurs de lys d'or, le premier canton chargé d'un écu de gueules à trois coquilles d'or posées 2 et 1* ; en sorte que les armoiries de M. le vicomte Henri de la Tour-du-Pin-Chambly, dont nous allons nous occuper, sont celles de la Tour-du-Pin, écartelées de celles de Chambly, par suite du mariage de René-François-André, comte de la Tour-du-Pin vicomte de la Charce, son aïeul, avec Jacqueline Louise de Chambly dernière enfant de la grande maison de ce nom.

Historien impartial, nous avons prouvé par les faits l'antique et noble origine, l'illustration méritée de la maison de la Tour-du-Pin. Reste à montrer maintenant que l'éclat de cette illustration ne s'est pas obscurci de nos jours. Notre tâche sera facile, car il était réservé à cette famille de marcher avec les siècles, de

____

(1) C'est donc à tort que madame de Genlis, dans ses mémoires, le fait mourir en Espagne, où il s'était retiré pendant la révolution.

se trouver à la hauteur de toutes les époques, de mériter à tous les titres la gloire et l'illustration. Après avoir cueilli de beaux lauriers sur les champs de bataille, après avoir versé son sang pour la défense et l'honneur de la patrie, elle peut à bon droit revendiquer devant notre siècle cette autre noblesse, qu'il dispense au savoir et à la haute intelligence, car elle possède, dans M. le vicomte de la Tour-du-Pin un grand philosophe, un penseur profond, un écrivain énergique, élégant et pur.

M. le vicomte Henri de la Tour-du-Pin-Chambly, est né à Paris, le 13 avril 1783. Son père, le comte René-Charles-François de la Tour-du-Pin-Chambly de la Charce, d'abord colonel en second du régiment d'Aunis, puis colonel des grenadiers royaux de Bourgogne, périt le 7 juillet 1794, sur l'échafaud révolutionnaire, victime de son dévouement à la cause royale, ne laissant à son fils que des exemples de fidélité et d'honneur. Sa mère, Angélique-Louise-Nicole de Berulle, fille et sœur de premiers présidents du parlement de Grenoble et arrière-petite-nièce du cardinal de Berulle, fondateur de l'Oratoire, était une sainte femme qui prit soin d'inculquer, de bonne heure, dans le cœur de son fils, les nobles principes qu'elle professa religieusement toute sa vie. Ces leçons ne furent pas perdues, car M. le vicomte de la Tour-du-Pin s'y montra toujours fidèle, et nous admirons aujourd'hui les fruits de cette bonne éducation dans les productions de son esprit, quoique dans sa jeunesse il se soit montré imbu des principes philosophiques du XVIIIe siècle, dont plus tard l'ont détaché l'étude approfondie qu'il en a faite. Jeté dès l'âge de onze ans, ainsi que son frère ainé, dans les cachots de la terreur, il vit monter sur l'échafaud révolutionnaire de Paris, outre son respectable père, deux de ses oncles, le marquis de Berulle, premier président du parlement de Grenoble et le président Roland, puis deux de ses cousins, le comte de la Tour-du-Pin-Paulin, ministre de la guerre, sous la Constituante, et le marquis de Gouvernet, jadis commandant de Bourgogne.

La vue de cette énorme cocarde tricolore que portaient les bourreaux qui vinrent dans son cachot lui enlever son père, laissa dans l'esprit du jeune la Tour-du-Pin, une impression qui influa souverainement sur toutes les actions de sa vie. Il puisa à cette école du malheur, dans les pieux enseignements de sa mère, dans ses études et ses méditations surtout, cette profonde expérience des hommes et des choses, qui le caractérisent d'une manière si remarquable. Peu d'hommes ont pénétré aussi avant que lui dans les replis du cœur humain, nul n'en a fait une peinture plus vraie.

M. le vicomte de la Tour-du-Pin n'avait pas encore vingt ans, lorsque, ne voulant remplir aucun emploi sous le gouvernement d'alors, il épousa, en 1802, Elisabeth-Marie-Modeste de Sesmaisons, fille du vicomte de ce nom, que l'on a vu lieutenant-général et Cordon rouge, et petite-fille de l'ancien contrôleur-général, M. de l'Avérdy. A partir de cette époque, il vécut presque constamment à la campagne, administrant lui-même ses affaires, s'occupant avec sollicitude de l'éducation de ses enfants, et cultivant les lettres et la philosophie, qui furent toujours pour lui l'objet de ses plus chères prédilections; et s'il ne vivait encore, et si nous ne craignions de blesser sa modestie, nous aimerions à dire les services qu'il a su rendre.

Ainsi, soit amour du repos, soit indépendance de caractère, soit plutôt défaut de sympathie pour l'ordre de choses de cette époque (car il demeurait fidèle au *salutaire principe de la légitimité*), M. le vicomte de la Tour-du-Pin vit passer, comme simple spectateur, toute cette gloire de l'Empire que flétrissaient à ses yeux et de sanguinaires conventionnels placés auprès du nouveau trône, et cette même cocarde qu'il se souvenait toujours d'avoir vu porter par les bourreaux de sa famille. Et cependant son cœur battait à la lecture de ces bulletins d'armée qui chaque jour, annonçaient un nouveau triomphe, une nouvelle conquête : car avant tout il était français !

Lorsqu'en 1814, Louis XVIII vint prendre possession du

trône de ses aïeux, si M. le vicomte de la Tour-du-Pin sollicita du service dans l'armée, ce ne fut que dans la noble intention de se rendre utile à la légitimité. Mais dès le lendemain de la seconde restauration, choqué d'un ordre du jour par lequel des remercîments étaient adressés à la garde nationale de Paris, de ce que, pendant les cent jours, elle avait demandé à reprendre la cocarde tricolore, il donna sa démission du grade de capitaine d'état-major et d'aide-de-camp du major-général des gardes nationales de France. Si, ce qui eût été si désirable, la légitimité ne se fut entourée que d'hommes animés de sentiments aussi nobles, aussi élevés, nul doute qu'elle n'existât encore et qu'elle n'eût existé toujours pour la gloire et le bonheur du pays. Un mois après cette démission, dont le noble motif fut sans doute apprécié, M. de la Tour-du-Pin fut nommé président du collége électoral de Pithiviers (Loiret). Le discours qu'il prononça en cette circonstance fut imprimé sur le vœu du collége. Un an après, appelé au commandement des gardes nationales du même arrondissement, il allait s'en démettre, se refusant à une organisation définitive qu'il ne croyait pas utile, lorsqu'arriva l'ordonnance qui cassait son grade par toute la France.

Cependant, comme il a toujours allié l'amour du bien public à l'indépendance du caractère, il accepta, peu de temps après, une autre fonction publique, celle de membre du conseil général du département du Loiret; et, si dans cette nouvelle position, il ne put toujours faire prévaloir ses idées d'amélioration sociale, il eut du moins la consolation de prendre part à des actes utiles et de faire entendre des conseils qui ne furent pas toujours sans fruit pour le pays. Il remplissait encore ces fonctions à l'époque de la révolution de Juillet, qu'il avait prévue et qu'il eut volontiers prévenue au prix de sa vie. Dès-lors, fidèle à ses principes et à ses croyances politiques, il aima mieux quitter le conseil général du Loiret que de prêter serment à Louis-Philippe. Il ne pouvait pas croire qu'un droit d'élection de vingt-quatre heures fût plus valable et plus sacré qu'un droit de succession de 800 ans.

M. le vicomte de la Tour-du-Pin joint à toute la vivacité de la jeunesse ce sang-froid qui, dans es grandes circonstances, est si nécessaire et si utile ; à une bonté, à une affabilité inaltérable, il allie cette énergie de caractère qui a la puissance d'en imposer au besoin. Se trouvant à Paris au mois de juillet 1830, au moment du combat livré par le peuple aux troupes royales, il voulut juger par lui-même de la situation des deux partis. Après avoir parcouru sans danger la rue de Rivoli et la place de la Concorde, il était parvenu à quelques pas du pont Louis XVI, lorsqu'il aperçoit un groupe assez nombreux d'hommes du peuple encore tout armés. Il aborde ce groupe, il entend des orateurs qui plaidaient les uns pour la république, les autres pour le duc d'Orléans ; ceux qui plaidaient pour le duc d'Orléans disaient : *ce n'est pas un Bourbon, c'est un Valois ;* ces étranges paroles étaient faites pour étonner : curieux d'en voir la suite, il resta, mais bientôt différents regards se tournèrent vers lui, et le mot *espion* étant sorti de ce groupe, il ne put s'abuser sur le danger qu'il courait. Toutefois, pensant que s'il se retirait à l'instant, ces hommes ne manqueraient pas de croire qu'il s'appliquait l'épithète qu'il avait entendu proférer, il resta encore. Aussitôt le groupe se rompt, un cercle serré entoure M. de la Tour-du-Pin, et chacun mettant chapeau bas, lui crie impérativement : VIVE LA CHARTE! *C'est donc à moi que vous en avez,* répond celui-ci sans se déconcerter, puis se découvrant lui-même, il s'écrie avec énergie : *Eh bien! oui,* VIVE LA CHARTE, MAIS SANS RESTRICTION!

Cette assurance en impose à ces hommes, et le cercle s'ouvre pour laisser passer le vicomte, qui s'engage aussitôt sur le pont Louis XVI, après en avoir franchi la barricade. Cependant, un bourdonnement lui fait comprendre que l'orage n'est pas entièrement passé, et en effet, à peine est-il arrivé au milieu du pont, qu'il entend tomber autour de lui plusieurs débris de cette barricade. Il se retourne à l'instant vers ces furieux, en leur criant : *Je ne vous dis rien, laissez-moi tranquille,* et il poursuit son chemin. Il était presque à l'extrémité du pont, lorsque, entendant

derrière lui des pas précipités, il se retourne encore, et se trouve
en face de deux hommes qui lui mettent l'épée sur la poitrine ;
à cette vue, saisi d'indignation, il s'écrie : *Eh bien ! quand vous
aurez tué un homme sans armes, vous aurez commis un crime, vous
en serez fâchés l'instant d'après !* Mais le groupe entier était ac-
couru et barrait le pont. Aussitôt un vif débat recommence :
les uns lui disaient : vous avez crié *vive la charte* de bien mauvaise grâce ; les autres, vous avez dit *vive la Charte, sans ré-
flexion ;* NON, répondait M. de la Tour-du-Pin, j'ai dit : VIVE LA
CHARTE SANS RESTRICTION, parce que, quand je dis une chose, je
la dis sincèremeut et tout entière. Cependant les plus éloignés
commençaient à crier : *à l'eau ! à l'eau !* et un murmure sinistre
s'élevait de cette multitude, quand deux hommes, accourant du
côté du Corps-Législatif, et s'interposant, s'écrièrent : *Pas de
crime ! pas de crime ! Il ne faut pas salir une aussi belle journée ;*
et tandis que l'un haranguait les révoltés, l'autre poussant M. de
La Tour-du-Pin avec chaleur et bienveillance, le mit hors de
danger.

Appelé bientôt à faire le service de la garde nationale, service
qui l'aurait forcé à porter cette cocarde tricolore, qui avait
escorté à l'échafaud son père et plusieurs de ses parents, M. le
vicomte de la Tour-du-Pin plaida une année entière et dans
toutes les juridictions : au conseil de recensement, au conseil de
révision, au conseil d'État, au conseil de discipline et à la cour
de cassation, et après avoir ainsi épuisé tous les degrés de juridiction, il fit deux jours de prison auxquels il avait été condamné, et il recommença à plaider jusqu'à ce qu'enfin il eût
gagné sa cause.

Depuis cette époque, il n'a cessé de vivre dans la retraite,
goûtant avec délices les joies de la famille et de l'amitié, car la
Providence lui a réservé des consolations bien grandes en lui
donnant, avec quelques amis vrais, des enfants dignes de lui, dans
M. le vicomte Berlion, M. le baron Gabriel et madame la baronne
Louise de Cornulier-Lucinière : le premier, avant la révolution

de 1830, lieutenant d'état-major, puis lieutenant de cuirassiers; le second, faisant son droit à Paris; la troisième, épouse d'un lieutenant de vaisseau de la marine royale, chevalier de la Légion-d'Honneur.

Nous avons déjà parlé du goût prononcé de M. le vicomte de la Tour-du-Pin pour les lettres. Ses méditations et ses travaux eurent pour objet la morale, la religion, la politique et la littérature. Il publia, en 1820, un ouvrage remarquable, dont l'épigraphe seule

> *Est modus in rebus, sunt certi denique fines,*
> *Quos ultrà citràque nequit consistere rectum.*

atteste qu'il a été inspiré par la raison et le bon sens. La philosophie de ce livre, dont les hommes compétents font le plus grand éloge, et qui suffirait à lui seul pour faire la réputation d'un écrivain distingué, d'un penseur profond, d'un vrai philosophe, est bien différente de celle des Larochefoucauld, des Helvetius, et autres écrivains de cette école. L'auteur, au reste, l'a exposée d'une manière très-précise dans la première de ses réflexions morales, dont nous parlerons tout-à-l'heure.

Nous analyserons ainsi tout son système :

En définitive, l'ordre subsiste; donc en définitive, le bien l'emporte. A la vérité, la multitude, sans force, sans dignité morale, est plus capable de vice que de vertu; mais Dieu a joint à cette multitude, *pour la conduire,* un petit nombre d'habiles en qui réside la force morale : De là la LOI qui est IMPOSÉE; mais qui est ACCEPTÉE par *le sentiment impérieux de la nécessité,* et aussi *par le sentiment intime de ce qui est bien,* sentiment produit par Dieu lui-même, qui, ayant voulu deux choses : *la conservation de l'homme* et la *conservation de la société,* a pourvu à ce double but par deux principes contraires : *l'intérêt* et *le dévouement.* Au lieu donc de voir uniquement le mobile des actions dans l'égoïsme et l'intérêt, l'auteur le voit aussi dans les sentiments généreux;

car, selon lui, l'homme est plus faible que pervers, et nous ne
sommes pas le seul de son avis.

Les maîtres de M. de la Tour-du-Pin furent évidemment
Pascal et Labruyère. Sans prétendre qu'il atteint à la sublime
profondeur du premier et à l'admirable originalité du second,
on peut dire du moins qu'il pense à la manière de l'un, et peint
à la manière de l'autre. Quand on a lu et médité mûrement
Pascal et Labruyère, on croit qu'il est impossible de rien écrire
de neuf et de vrai après ces deux grands maîtres ; c'est ce qui fera
toujours considérer, comme un véritable effort de l'esprit et du
jugement, l'ouvrage de M. de La Tour-du-Pin, écrit d'ailleurs
avec cette verve mâle et sévère, cette finesse caustique et pi-
quante qui conviennent à une production de ce genre. Au sur-
plus, ce qui ajoute peut-être à l'intérêt de cet ouvrage, c'est la
justesse des pensées, et la ressemblance des portraits ; rien en
effet qui sente la contrainte et l'exagération; l'auteur esclave de
la vérité, n'a dit que ce qu'il a expérimenté lui-même, n'a peint
que ce qu'il a vu. Aussi doit-on le considérer avant tout comme
un homme d'expérience et d'observation.

L'ouvrage de M. de la Tour-du-Pin est divisé en deux parties
distinctes : *Caractères* et *Réflexions morales*. Certaines personnes
ont trouvé que les *Réflexions* étaient de beaucoup supérieures
aux *Caractères :* nous connaissions ce jugement, et nous avons
examiné s'il était fondé : littérairement parlant, nous pensons
qu'il renferme une erreur, car, indubitablement, la rédaction
des *Caractères* est aussi soignée que celle des *Réflexions ;* mais
nous ne sommes nullement surpris que les *Réflexions* aient été
goûtées plus encore que les *Caractères,* ceux-ci ne présentant
que des critiques, et, (malgré la malice, qui certes est sans cesse
à l'ordre du jour) la critique plaisant moins à l'homme que la
peinture de l'homme intime. Or, les réflexions de M. de la Tour-
du-Pin ne sont pas autre chose que la peinture de l'homme
intime, avec ses faiblesses, ses variations, ses travers et ses
écarts, sans doute, mais aussi avec ses bons mouvements, ses

pensées élevées et ses sentiments sublimes. C'est l'homme envisagé sous les quatre grandes faces qu'il présente : *le caractère, l'humeur, l'esprit* et *le cœur* (et d'autant plus parfait que ces quatre facultés sont plus en harmonie), et arrivant enfin par une suite de mécomptes au sentiment religieux dans lequel il se repose : il n'est donc pas étonnant, nous le répétons, que cette seconde partie de l'ouvrage ait captivé plus que la première : c'est la force des choses ; et là même, nous nous plaisons à le dire, il y a un éloge pour notre nature, car rien ne prouve mieux que nous préférons le bien au mal, et la peinture de l'un à la satire de l'autre.

L'auteur, essentiellement méthodique, fidèle en cela au précepte de Condillac, s'est efforcé d'établir une suite dans ses idées, afin que son travail offrit un ensemble, un système ; de là l'intérêt qu'il produit, intérêt qui se soutient constamment.

Parmi les caractères qu'il a peints avec un véritable talent, nous avons surtout remarqué ceux de *l'Homme du monde*, de *l'Homme qui a de l'humeur*, de *l'Homme présomptueux*, du *flatteur*, du *riche qui n'est content de rien*, de *l'homme de lettres de nos jours* et *du spéculateur actuel ;* mais en voici deux, qui, l'un par son originalité, et l'autre par l'énergie de l'expression, nous ont particulièrement frappé.

« Une capricieuse est tantôt légère et tantôt prude, tantôt
» douce et tantôt acariâtre, tantôt gaie et tantôt triste. Il y a des
» moments où elle est confiante, et d'autres où elle fait mystère
» des choses les plus communes. Il y a des jours où elle vous fait
» accueil, et d'autres où elle vous évite. Aujourd'hui, elle est
» de votre avis ; elle vous trouve de la finesse, du sens, du tact ;
» elle vous goûte, elle recherche votre entretien ; et demain elle
» reprendra chacune de vos paroles, elle ne pourra se faire au
» ton de vos discours, elle ne concevra rien à la bizarrerie de
» vos systèmes. Aujourd'hui, dans son esprit, vous êtes mieux que
» tout autre, vous êtes un modèle, vous êtes un prodige enfin ; et

» demain, elle ne connaîtra, elle n'imaginera personne qu'elle
» ne vous préfère.

« Une vaine s'admire sans cesse ; elle est bien, très-bien, et
» qui lui semble aussi bien ? Le luxe des habits, des meubles, des
» chevaux, des voitures, lui est nécessaire ; il faut qu'elle
» éclipse pour être heureuse. Elle ne prise, elle ne fête que
» les gens fastueux ; un homme à dépense lui tourne la tête, et,
» parmi les qualités de cet homme, la moindre à ses yeux n'est
» pas d'avoir cent mille livres de rente, un équipage de chasse,
» des chevaux anglais et une mise élégante. Parle-t-on d'un
» inconnu ; quelle est sa fortune, demande-t-elle ? s'il est riche,
» il faut qu'on le lui présente ; s'il est dans l'aisance, on le peut ;
» s'il est pauvre, elle ne le recevra point, elle n'y pourrait suf-
» fire. Attaquez quiconque ne vient point chez elle, et elle ren-
» chérit encore. Critiquez ceux qu'elle accueille, et elle les dé-
» fendra avec chaleur ; car c'est à son goût et à son choix que
» vous vous en prenez. Dites qu'ils sont sans mérite, et elle de-
» mande à quoi sert le mérite, et où l'on en trouve ; et elle se
» glorifie de ce mot qu'elle croit amer, et elle se sourit à elle-
» même. Pourrait-elle convenir qu'elle se trompe ? en convien-
» dra-t-elle devant témoin ? Souffrira-t-elle la contradiction
» sans humeur ? Qui ne sait qu'elle ne se trompe jamais ? Et
» d'ailleurs, qui est-on pour lui donner des conseils ? On en au-
» rait besoin soi-même. Et puis ne sait-elle pas se conduire ?
» Fait-elle des choses extraordinaires ? A-t-elle besoin de leçons ?
» Je n'aime ni les leçons, ni ceux qui en donnent, dit-elle ; et je
» veux qu'on le sache, afin qu'on en profite. »

« Une dédaigneuse est toujours vaine, mais elle est plus que
» vaine. Et qu'est-ce que s'admirer sans mépriser autrui ? Y
» pensez-vous de vanter en sa présence les graces, les talents,
» l'esprit d'une autre femme ? Elle ne vous conçoit point. Quel
» goût ! Quel travers ! s'écrie-t-elle ; à cette femme de l'esprit,

» des talents, des graces ! Mais, en vérité, rien n'est plus ordi-
» naire insistez, et dites : cette femme est dans l'opulence, et
» vous ne connaîtrez par ses dettes ; louez sa mise et ses équi-
» pages, et rien en mauvais goût ne sera comparable ; parlez de
» sa noble origine, et sa famille à peine sortira de la roture. Or,
» sachez que cela veut dire encore : je suis plus aimable, plus
» spirituelle, plus riche, plus élégante, et ma naissance et mon
» rang sont bien autrement élevés, bien autrement illustres.

« Une contrariante n'a point d'opinions, ou plutôt elle les
» a toutes. Elle sera tour à tour théologienne et incrédule, par-
» tisan des anciens et partisan des modernes, détracteur
» des sciences et amie des sciences, prôneuse de la monarchie
» et zélée pour la république. Que vous adoptiez une doctrine,
» et elle défendra soudain le sentiment contraire. Ne lui dites
» point qu'un usage passe ou s'établit ; car elle est sûre, ou qu'il
» n'a jamais été plus général, ou qu'on n'en a jamais ouï parler.
» Ne lui dites point encore qu'on a tenu tel propos, tel discours ;
» car vous serez dans une insigne erreur ; je l'ai entendu, direz-
» vous, et elle vous soutiendra qu'en aucun temps, en aucun
» lieu, vous n'avez pu l'entendre. Vous lui dites : j'ai fait, j'ai
» lu, j'ai écrit ; et elle vous affirme que vous n'avez ni fait, ni lu,
» ni écrit ce que vous avez véritablement fait, écrit, ou lu.
» Pourquoi lui raconter un évènement? Elle est certaine qu'il
» est autrement arrivé ; vous n'êtes pas bien instruit vous dit-
» elle, voici la vérité ; et elle vous raconte le même fait, tel que
» vous l'avez rapporté, avec les mêmes circonstances et pres-
» que les mêmes paroles, mais elle y voit une grande différence.
» Vous parlez enfin d'une chose qu'elle ignore, et vous dites :
» elle est ainsi ; non, réplique-t-elle, elle n'est pas ainsi, elle
» n'est pas même ; et la raison, c'est qu'elle n'a jamais entendu
» parler de cette chose.

» Maintenant, que penser de chacun de ces caractères? Une

» capricieuse vous fatigue par ses variations ; une vaine, par
» ses petitesses ; une dédaigneuse, par son orgueil ; une
» contrariante par son aigreur et son opiniâtreté ; et chacun de
» ces défauts suffit pour rendre le commerce difficile. Mais que
» dire d'une femme qui est à la fois capricieuse, vaine, dédai-
» gneuse et contrariante ? que dire de Christine en un mot ?
» Qu'elle est désagréable ? C'est bien peu ; qu'elle est insociable ?
» Ce n'est pas assez ; qu'elle est incorrigible et qu'il faut la fuir ?
» C'est la vérité. »

Après ce caractère si plein d'originalité, voici celui où nous
trouvons tant d'énergie :

« Ne craignez rien, Adine, entourez-vous d'une espèce de
» cour, donnez à chacun des espérances, allez seule avec des
» hommes au bal et au spectacle, recevez-en à une certaine
» heure, et à cette heure que votre porte soit interdite au reste
» des humains ; faites aussi des parties chez les gens qui don-
» nent à manger, dans des lieux écartés, dans des appartements
» secrets, et là, passez les soirées et les nuits même ; oubliez
» toute réserve, toute décence ; prenez Charles, quittez-le pour
» Julien ; reprenez-le ensuite, ayez-les ensemble, le même jour
» et presque à la même heure ; donnez encore dans de plus
» grands excès, et réalisez ce qu'on ne croit pas des Méssaline
» et des Julie ; déguisez-vous, allez le soir au coin des rues,
» mêlez-vous parmi les prostituées, passez les nuits dans la
» plus effrénée débauche, et le matin, en rentrant, fatiguée et
» non assouvie, faites monter dans votre carrosse un bel
» homme qui passe dans la rue ; tout vous est permis, Adine
» on ne le croira point ; on vous verra, on vous recherchera ; il
» sera du bon air d'être reçu dans votre maison ; on se vantera
» d'y aller ; et, les jours où vous recevrez, on verra trois cents
» voitures à la porte de votre hôtel ; mais il faut expliquer ce
» mystère, Adine : votre sang est illustre, ou votre fortune est
» grande.

» Inutiles précautions, Gabrielle, inutile réserve. Il ne vous
» sert de rien d'avoir résisté, de ne vous être rendue qu'au plus
» tendre amour, d'avoir pour amant un homme qui justifierait
» en quelque sorte les plus grandes folies, de ne point vous mon-
» trer en public avec lui, de ne le voir et de ne lui écrire
» qu'avec discrétion et mesure, d'aimer plutôt ses rares quali-
» tés que son sexe, d'être plutôt son amie que sa maîtresse,
» d'être prête à sacrifier pour lui vos biens et votre personne,
» de n'avoir jamais aimé que lui et de ne vouloir aimer que lui
» seul : vous êtes perdue, Gabrielle ; vous frapperez à toutes les
» portes, et vous frapperez en vain ; votre naissance est obscure,
» ou vous êtes pauvre.

Certes il est difficile de mieux peindre à la fois et la femme
illustre ou opulente qui s'abandonne impunément à la débauche, (ce fait de nos mœurs si scandaleux et si funeste!) et le
malheur de la femme obscure ou pauvre qu'une seule faiblesse
écrase, tant les jugements des hommes ont deux poids et deux
mesures. Qui croirait que celui qui s'exprime ainsi sur le grand
monde, appartient lui-même au grand monde? Mais c'est que
l'auteur est vraiment philosophe, et que chez lui l'expérience et
l'amour du vrai ne sont offusqués par aucun préjugé.

Quand aux réflexions morales, d'une si haute portée que
quelques unes, pour être comprises, exigent un certain degré de
pénétration, elles nous paraissent dictées par un homme dont
l'esprit est aussi profond que le cœur est noble ; nous les trouvons si justes et si conformes à notre propre expérience, nous
les avons lues et méditées avec tant de bonheur, elles ont excité
dans notre cœur des émotions si douces, que nous ne pouvons
résister au désir d'en citer quelques-unes que les lecteurs trou-
veront, comme nous, frappantes de vérité :

XX.

« Il n'y a qu'un temps pour les remords ; l'homme s'appri-
» voise avec le crime.

XXII.

» Le vice se moque de la vertu, comme les poltrons des gens
» de cœur ; ce n'est pas face à face.

XXV.

« *Que sais-je ?* Profonde Philosophie, et les hommes d'applau-
» dir. *L'homme n'est fort que de ce qu'il croit,* autre maxime
» qu'on admire ; mots inconciliables en apparence, et cepen-
» dant solides, chacun selon sa valeur.

XXVI.

« La philosophie est fort belle, assurément ; mais le doute en
» découle. Elle dit bien : *Dans le doute, abstiens-toi ;* mais la
» force de s'abstenir n'est que dans la croyance, et douter, ce
» n'est pas croire.

XXIX.

» Le trouble naît du mensonge, comme le calme de la vérité.

XXX.

» Les mœurs sont plus puissantes que les lois ; mais les
» hommes meurent et les lois restent : ainsi, les lois changent
» les mœurs.

XXXIV.

« La société des grands n'est jamais sûre ; s'ils tombent, ils
» nous écrasent ; s'ils croissent, ils nous étouffent.

XXXIX.

« Il est bon de montrer sa force ; c'est éviter la guerre.

XLII.

» Quand la mort se présente et se présente sans gloire, le
» plus brave délibère.

XLVIII.

« Savoir ce que l'on veut, vouloir, prendre les moyens d'ar_
» river à ses fins, croire que ce que l'on veut, on le peut ; condi-
» tions nécessaires du succès dans les entreprises, réunion peu
» commune et qui, plus fréquente, changerait la face du monde,
» mais heureusement aussi rare pour le mal, qu'elle est rare
» pour le bien. »

L.

« Le caractère que les passions produisent a besoin du succès ;
» mais celui que les croyances inspirent s'affermit dans les revers.

LVII.

» C'est une chose que l'on ne sait point assez, que les défauts se
» heurtent de similitude, et ne sympathisent que d'opposition.

LX.

» Les marchands font crédit, mais le public ne le fait pas.

LXVIII.

» L'esprit a des moments de fièvre ; il est altéré, et rien ne le
» désaltère ; il a besoin de nourriture et il trouve tout mauvais ; il
» est inquiet, et ne peut s'arrêter à rien ; il est en travail ; il est
» près d'enfanter quelque idée mâle et vigoureuse ; il est trop
» préoccupé pour pouvoir se distraire ; il est trop plein de ses
» méditations pour goûter les pensées d'autrui ; ces moments de
» fièvre sont rares ; ils viennent après quelque temps de repos, de
» paresse, de dégoût et d'ennui. Heureux qui les ressent ! Qu'il
» ose, et qu'il produise.

LXXII.

» Si l'on me demandait lequel vaut le mieux, d'un esprit bril-
» lant ou d'un esprit solide ; je répondrais : lequel vaut le
» mieux, de plaire un jour, ou toujours ?

LXXIII.

» Le goût est la conscience de l'esprit ; mais dans les choses
» de l'intelligence, comme dans celles du cœur, la voix de la con-
» science, bien souvent, n'est pas suffisamment écoutée, et c'est
» ainsi que le beau, comme le bon, est rare.

LXXIV.

» Les poids ne varient point ; mais beaucoup de balances sont
» fausses.

LXXXVI.

» S'il n'y avait point d'orgueil à prétendre éclairer les
» hommes, je dirais qu'il y a beaucoup de générosité.

XCI.

» L'orgueil sans la faiblesse, et la faiblesse sans l'orgueil n'en-
» gendrent point l'envie.

XCII.

» Il faut être habile pour aimer ses égaux, et vouloir le de-
venir pour aimer ses supérieurs.

XCVIII.

» Je conçois l'amabilité dont la bienveillance est cause ; mais
» j'ai peine à comprendre celle qui ne vient que de l'amour-
» propre.

CXXI.

» Maintenant que je suis célèbre, vous m'écoutez ; vous
» faites plus, vous me consultez ; mais quelle obligation vous
» ai-je ? Peut-on rejeter la monnaie, quand elle est frappée au
» coin du prince ? Il fallait plus tôt juger de sa valeur.

CXXII.

» Chose étrange ! L'esprit calomnie le cœur, et ce triste usage
» de sa puissance s'appelle pénétration.

CXXIII.

» Il y a quelque douceur à être dupe par magnanimité.

CXXIV.

» On souffre plus de ses propres torts que de ceux qu'on
» endure.

CXXV.

» C'est en vain que les belles âmes connaissent la duplicité
» des hommes ; elles l'oublient dans la pratique.

CXXVII.

.C'est toujours un plaisir de donner, mais c'est un bonheur
» de donner à ceux qu'on aime.

CXXX.

Craindre les bienfaits, instinct d'un mauvais cœur, auquel
» il ne manque que l'occasion d'être ingrat, et qui se couvre du
» vernis de la prudence.

CXXXII.

« La vraie reconnaissance est silencieuse, mais active ; celle
» qui s'exhale en paroles et qui aime les témoins, n'est qu'une
» basse flatterie.

CXXXV.

» Si l'on ne croyait donner lorsqu'on s'acquitte, on parlerait
» moins d'ingratitude.

CXXXVII.

» Les femmes plaisent par ce qu'elles sont, et les hommes
» par ce qu'ils acquièrent.

CXLI.

» Les souvenirs ne vieillissent point, tant que leur objet est
cher.

CLIII.

» Si c'est une grande misère de connaître les illusions et d'en
» rester la victime, c'est une funeste alliance, qu'un esprit pé-
» nétrant et une âme ardente.

CLIX.

» Les coquettes s'approchent trop souvent de l'amour pour
» ne pas y être prises.

CLXIII.

» Si l'homme religieux moins que tout autre a besoin d'amis,
» c'est qu'il a moins que tout autre à parler de ses douleurs.

CLXVI.

» Deux amis ne s'aiment pas également ; l'un embrasse, et
» l'autre tend la joue.

CLXVII.

» Il y a des gens si âpres et d'un contact si dur, que, comme
» certains animaux, leurs caresses vous déchirent.

CLXXIII.

» Dans les attachements qui s'altèrent, comme dans les ma-
» ladies du corps, les crises valent mieux que la langueur.

CLXXVIII.

» La plupart des hommes cherchent d'abord le bonheur dans
» les passions et s'ils y goûtent parfois quelques moments d'ivresse,
» ils n'y recueillent bientôt que peine et misère : Ce bonheur, ils
» le cherchent ensuite dans le calme, et ils n'y trouvent que du
» vide : fatigués de tant de mécomptes, et tourmentés des be-
» soins de leur cœur, ils s'aperçoivent enfin de leur méprise ; et
» c'est alors qu'ils se jettent avec effusion et reconnaissance dans
» une religion qui offre un prix à leurs douleurs, un immense
» amour à leurs désirs, et qui, dans l'attente d'un parfait bonheur,
» leur assure encore une profonde paix sur la terre.

CLXXXIII.

» Le culte du cœur suffirait peut-être à l'homme solitaire ;
» mais à l'homme dissipé il faut une religion positive.

CLXXXIV.

» Le monde n'est-il point un problème, et toute religion ne
» tend-elle point à le résoudre ? Quelle sera donc la véritable,
» si ce n'est celle qui en a la puissance ? »

Après les citations qu'on vient de lire, il est sans doute inutile
de faire remarquer que M. le vicomte de la Tour-du-Pin écrit
avec la puissance des grands écrivains, ses modèles, et avec la
pureté qui les distingue. Jamais, en effet, de néologismes. Il lui
a semblé, avec raison, que la langue que les PASCAL et les
LABRUYÈRE ont tant contribué à enrichir et à fixer, pouvait suf-
fire à l'expression de ses idées et de ses sentiments, peu semblable, en cela, à ces pygmées de nos jours, qui, parce qu'ils
s'ingénient à créer des mots puérils ou insignifiants, des
tours étranges ou ridicules, se croient supérieurs aux écrivains
du grand siècle.

Après avoir analysé les travaux de M. le vicomte de la Tour-
du-Pin, il nous semble qu'il est nécessaire, pour compléter notre
esquisse, de lui assigner la place qu'il mérite parmi les moralistes français. Nous croyons être vrai en disant qu'il peut être
rangé immédiatement après Pascal et Labruyère, qu'il a toute
la finesse d'esprit de Duclos, mais plus de profondeur ; qu'il est
plus vrai que Larochefoucauld, plus énergique que Vauvenar-
gues, infiniment supérieur au duc de Lévis.
Si nous sommes bien informés, M. le vicomte de la Tour-du-

Pin est actuellement occupé d'un ouvrage important sur la religion. Cette grande affaire de l'homme, sans laquelle il n'y a
rien de véritablement grand, de véritablement élevé, de véritablement digne, a été toute sa vie la matière de ses profondes
méditations. Toutefois, dans un sujet aussi grave, s'il nous est
permis de préjuger d'après les derniers paragraphes du livre des
Réflexions morales, d'après la dernière surtout, ainsi conçue ,
« De la vérité par les principes, de la vérité par la nécessité, de
la vérité par les faits, vaste et profond sujet d'un beau livre, à
traiter selon cet ordre, et afin de prouver invinciblement la
religion, seule importante affaire pour une créature qui ne vit
qu'un jour et qui doit tomber aussitôt et sans retour dans les
mains de son juge. » Si, disons-nous, il nous est permis de préjuger, nous pouvons dire que l'ouvrage religieux de M. de la
Tour-du-Pin respectera tout ce qui est vérité, et que l'auteur des
caractères n'épargnera pas cependant les fautes que le clergé a
commises, fautes si funestes par leurs conséquences, que celui
qui ne veut pas le retour de l'impiété, doit les signaler et les flétrir ; et c'est ainsi qu'il pourra faire la part, si importante à faire,
en pareille matière, de ce qui est des hommes, et de ce qui vient
de Dieu.

L'Encyclopédie biographique du xixe *siècle* se divise en plusieurs catégories, ayant chacune un titre spécial :

1° Galerie des Rois et des Princes (8 volumes de 400 pages).
2° Fastes de la Pairie (4 volumes de 400 pages).
3° Illustrations nobiliaires (4 vol. *id.*)
4° Tables de la Légion d'honneur (4 vol. *id.*)
5° Panthéon académique (2 vol. *id.*)
6° Musée militaire (2 vol. *id.*)
7° Illustrations du Barreau et de la Magistrature (4 vol. *id.*)
8° Médecins célèbres (2 vol. *id.*)
9° Célébrités universitaires (2 vol. *id.*)
10° Contemporaines célèbres (2 vol. *id.*)
11° Silhouettes artistiques (2 vol. *id.*)

L'Encyclopédie est imprimée dans le format in-4°, sur très-beau papier vélin satiné, en caractères neufs.

DE MAGNIFIQUES PORTRAITS ET DES AUTOGRAPHES AUTHENTIQUES accompagnent *quelques biographies* dans chaque catégorie.

Il paraît, tous les huit jours, une livraison de plusieurs feuilles.

Comme nous publions simultanément toutes les catégories, les livraisons se croiseront de façon à satisfaire tous les souscripteurs.

CONDITIONS DE LA SOUSCRIPTION.

Les souscripteurs à une partie de l'Encyclopédie payent :

La feuille. . . . . 30 centimes.
Le portrait. . . . 15 id.
L'autographe . . 10 id.

Les souscripteurs à l'ouvrage entier payent :

La feuille. . . . . 25 centimes,

ET REÇOIVENT GRATIS LES PORTRAITS ET LES AUTOGRAPHES.

Isolément :

La feuille se vend. . 1 fr. »
Le portrait . . . . 50 c.
L'autographe. . . . . 25 c.

Les souscripteurs des départements payent le port en sus du prix

Chaque livraison est enveloppée d'une jolie converture. Les souscripteurs à une catégorie au moins reçoivent (*franco*) leurs livraisons à domicile.

L'administration reçoit les mandats à vue sur la poste ou sur le trésor

(Toute lettre non affranchie sera refusée).

Imprimerie Schneider et Langrand, rue d'Erfurth, 1.